フェイクニュースに震撼する民主主義

日米韓の国際比較研究

清原 聖子【編著】

大学教育出版

フェイクニュースに震撼する民主主義
―― 日米韓の国際比較研究 ――

目　次

序　章　フェイクニュースに震撼する
　　　　ポスト・トゥルース時代の民主主義
　　　　　………………………………………………清原　聖子………1

はじめに　1
1. フェイクニュースの定義　2
2. 欧米諸国におけるフェイクニュースの拡散と深まる社会の分断　5
　(1) アメリカの諸相　5
　(2) ヨーロッパ諸国における諸相　7
3. 本書の狙いと特徴　9
4. 本書の目的と構成　11

第1章　アメリカ政治における
　　　　「フェイクニュース」の進化と影響
　　　　　……………ダイアナ・オーエン、(訳) 松本　明日香……16

はじめに　16
1.「フェイクニュース」とは何か？　19
2.「フェイクニュース」についての一般の認識　23
3. フェイクニュースとメディアの偏りについての一般の関心　25
4. フェイクニュースの問題　26
5. ニュースに見られる偏り　27
6. ソーシャルメディアと「フェイクニュース」の新時代　29
7. 選挙におけるソーシャルメディアとフェイクニュース　30
8. 民主主義への脅威　32
9. 民主主義への脅威としてのフェイクニュースについての一般の認識　33
おわりに　34

第 2 章　アメリカにおけるフェイクニュース現象の構造とその対策の現状
　　　　　　　　　　　　　　　　　　　　　　　　　　　清原　聖子……40

はじめに　40
1. メディア環境の変化　42
    (1) メディアの分極化　42
    (2) メディアの信頼度の低下　45
    (3) ソーシャルメディアが主要な政治情報源に　46
2. オンライン政治広告に焦点を当てたフェイクニュース対策　49
    (1) 連邦選挙委員会での検討　49
    (2) 連邦議会での検討　51
    (3) プラットフォーム事業者の自主的な規制の導入　53
3. ファクトチェッカーへの期待　54
    (1) FactCheck.org　55
    (2) ポリティファクト　57
    (3) フェイスブック・イニシアティブへの協力　58

おわりに　60

第 3 章　2017 年韓国大統領選挙におけるフェイクニュースの生産・拡散ネットワークと政治的影響力の分析
　　　　　　　　　　　　　　　　　　　　　　　　　　　高　選圭……67

はじめに　67
1. フェイクニュースの定義と範囲　69
2. メディア環境の変化と投票政党の分極化　71
3. 韓国におけるフェイクニュースの作成や拡散ネットワーク　75
4. 2017 年の大統領選挙でのフェイクニュース事例　82
5. フェイクニュースの流通ネットワークと影響　85

おわりに　89

第 4 章　韓国におけるフェイクニュースの規制の動き
　………………………………………………… 李　　洪千 …… 95

はじめに　95
1. 韓国のフェイクニュースの概念　97
2. 規制論の登場背景　99
3. フェイクニュース対策特別委員会の設置案　101
4. 政府の法的規制の計画　103
5. 規制法案　106
6. 法的定義　107
7. プラットフォームに対する責任と義務　111
8. メディアに対する責任を強化　112
9. ガチャニュースに関連する政府の対策　113
10. メディアリテラシー教育　115

おわりに　115

第 5 章　日本の有権者はいかにニュースをフェイクと認識したか
── 2017 年衆院選における「フェイクニュース」の認知 ──
　………………………………………………… 小笠原　盛浩 …… 122

1. 海外および日本のフェイクニュース概況　122
2. 先行研究レビュー　124
    (1)「フェイクニュース」の分類　124
    (2) フェイクニュース研究の操作的定義　125
    (3) フェイクニュース研究の操作的定義の問題点　126
    (4) リサーチクエスチョンと仮説　130
    (5) 2017 年衆院選の概況　132
3. 方法　133
    (1) 調査概要　133
    (2) 尺度　133

4. 結果　*136*
    (1) ニュースのフェイク認知概況　*136*
    (2) ニュースのフェイク認知と情報源　*137*
    (3) ニュースのフェイク認知と内閣・政党支持、政治関心　*139*
    (4) フェイク認知されたニュースの内容　*141*
  5. 考察　*143*

第6章　ウェブメディア運営者の視点から考察する　　　日本におけるフェイクニュース拡散の仕組み
……………………………………………奥山　晶二郎……*151*

はじめに　*151*
  1. メディアが目指したデジタル上のパッケージ　*154*
  2. ニュースプラットフォームの存在感　*157*
  3. ウェブメディア編集者が気にするヤフーニュース　*158*
  4. ニュースプラットフォームが成長した理由　*160*
  5. デジタル空間における流通の難しさ　*163*
  6. SNSの「ねじれ」現象　*165*
  7. 政治家の発言だけがフェイクニュースか　*166*
  8. ファクトチェックをフェイクニュースにしないために　*168*

第7章　鼎　談
　　　米韓との比較から見る2019年参院選におけるフェイクニュース
……………………　清原　聖子・小笠原　盛浩・李　洪千……*173*

あとがき　……………………………………………………………*192*

索　引　………………………………………………………………*195*

執筆者紹介　…………………………………………………………*198*

序章

フェイクニュースに震撼する
ポスト・トゥルース時代の民主主義

清原　聖子

はじめに

　フェイクニュースという言葉を読者の皆さんが初めて聞いたのはいつだったろうか。学生とのディスカッションを通じて、年々フェイクニュースという言葉が大学生の間で周知されてきたと筆者は実感している。

　この言葉が世界的に広まったきっかけは、2016年アメリカ大統領選挙であった。身近なところでは、2018年10月20日、27日には、『フェイクニュース』というタイトルのNHK土曜ドラマが放送された。ドキュメンタリーではなく、「ドラマ」というところで興味を持ちやすかったのか、筆者の授業を履修している学生の中にも同ドラマを見て、フェイクニュースの社会的な影響に関心を持ったと話す者が何人かいた。

　また、大学3年生を対象とする筆者のゼミナールでは2017年9月〜2018年1月の秋学期、フェイクニュースを見分ける目を養うことを目的に、ジャーナリストとフェイクニュースの調査を行うプロジェクトを実施した。数か月の調査を経て、ゼミ生たちは、オンライン上の情報にだまされないように、自分自身で情報の信憑性を確かめることや怪しい情報をうかつにシェアしないことが重要である、という心構えができた。そうした影響もあってなのか、翌年の彼らの卒業論文は7本中3本がフェイクニュースの対策を論じるものであった。筆者のゼミナールでは卒業論文のテーマは学生が決めるので、同じテーマを複数人が選ぶというのは珍しい。

ただ、どこかでフェイクニュースという言葉を聞いたことがあるという学生は筆者の周りで増えていると感じるものの、「フェイクニュースとは何か」という問いに答えるのはそれほど簡単ではないようである。辞書的な意味では、オーストラリアのマッコーリー辞典が 2016 年の言葉として選んだ定義に、フェイクニュースは「政治目的やウェブサイトへのアクセスを増やすために、ウェブサイトから配信される偽情報やデマ。ソーシャルメディアによって拡散される間違った情報」とある。しかし、それでフェイクニュースの定義が定まっているとは言い難い。

1. フェイクニュースの定義

アメリカの非営利調査機関であるピュー・リサーチ・センターの調査（2016）によれば、2016 年アメリカ大統領選挙キャンペーン中に、「フェイクニュースが基本的な事実や時事問題について大いに混乱をもたらしている」と答える人が回答者の 64％に上った。また、イギリスのブロードバンド・ジェニーとワン・ポール社による世論調査（2017）では、EU 離脱を巡る 2016 年の国民投票でフェイクニュースが何らかの影響を与えたと回答する人が全体の 42％に上った。欧米の民主主義国家では、フェイクニュースの拡散が民主主義を脅かすのではないかと懸念が広がっている。

フェイクニュース発祥国のアメリカでは、フェイクニュースはもともとパロディニュース番組を指した。それが 2016 年大統領選期間中に、広告収入を得たクリエーターによって作られた情報で、有権者のイデオロギー的バイアスに入り込んだ政治的フィクションを指すようになった（Owen, 2017: 176）。また、2016 年の大統領選挙における有権者の投票行動にフェイクニュースが及ぼした影響を分析したアルコットとゲンツコウ（2017）は、フェイクニュースとは故意に捏造されたニュース記事を含め、読者を欺くその記事と定義した。

日本国内でも、これまでにも選挙や災害時の情報の中には、デマや事実と違ったうわさ・誤情報がたびたび問題になってきた。それと同じではないか、と思われるかもしれない。確かに共通点もあるが、昨今使われるフェイク

ニュースという言葉には、不注意で共有された誤情報（misinformation）と切り分けて、人々を欺くために作られて共有された偽情報（disinformation）という考え方がある（Wardle, 2017）。それは、2017年2月に「ファースト・ドラフト」のリサーチディレクター、クレア・ワードル（Claire Wardle）が発表した、誤情報と偽情報についての類型化である。

「ファースト・ドラフト」は、設立当初はグーグル・ニュース・ラボに支援を受けた組織だったが、2017年10月からはハーバード大学ケネディ行政大学院のメディア・政治・公共政策に関するショーレンスタインセンターの中で、オンライン上の偽情報に関する調査を行うプロジェクトになっている。

ワードルの分類では、フェイクニュースは、だまそうとする意図の程度によって、以下のように7つのパターンに分けて考えられる。

①「だます意図がない」風刺・パロディ
②見出しや画像、キャプションがコンテンツと関係のない「誤った関連付け」をされた情報
③ある物事や人物について「誤解させるコンテンツ」
④正しいコンテンツが間違った情報とともに提供される「誤ったコンテクスト」
⑤「なりすましコンテンツ」
⑥「操作されたコンテンツ」
⑦だますことや損害を与える目的で100％虚偽のコンテンツを作り出した「捏造コンテンツ」

しかし、フェイクニュースの概念はほかにもある。アメリカのドナルド・トランプ（Donald Trump）大統領が自分に敵対的な報道を行うメディアに対して「フェイクニュース・メディア」とレッテルを貼って攻撃するように、内容の真偽はともあれ、自分の好まない情報をフェイクニュースと決めつけるような使われ方もされている。

そこで、イギリス下院のデジタル・メディア・文化・スポーツ委員会は「偽情報（disinformation）とフェイクニュース：最終報告（2019）」において、フェイクニュースの代わりに、偽情報という言葉を用い、偽情報とは「危害を与え

る目的、あるいは政治的、個人的、金銭的な利益のために、オーディエンスを欺き誤解を招くことを目的として、誤った、もしくは、操作された情報の意図的な作成および共有」であると定義した（House of Commons Digital, Culture, Media and Sport Committee, 2019: 7）。

このようにフェイクニュースの概念は、国によっても少しずつ異なるし、一国の中でも次第に変化している。フェイクニュースの対策を法律による規制で行おうとすれば、法的制裁は表現の自由を萎縮させることにつながる恐れがあり、定義や対象を明確にすることが重要である。それには慎重な議論が必要である。

また、これまでのデマとの違いとして、偽情報の生成・拡散経路と、シェアされるスピードの速さが挙げられる。ソーシャルメディアが普及したことで、従来と違ってデマや事実と違ったうわさは特定のコミュニティの枠内での交換にとどまらなくなった。フェイクニュースは、フェイスブック（Facebook）などの「友達」ネットワークに乗り、ボーダーレスに拡散される。ヴォスーギら（2018）の研究では、2006年から2017年までのツイッター（Twitter）分析を行い、偽情報は正しい情報よりも速く、遠くへ拡散されやすいという結果が示された。

今や我々の主要な情報源は従来のマスメディアからソーシャルメディアへと変わりつつある。これはアメリカ、韓国、日本で共通している。詳しくは各章の説明に委ねるが、とりわけ若者の間でその傾向が強い。筆者の教える大学1年生に聞くと、LINEニュース（LINE NEWS）やスマートニュース（Smart News）でニュースを見ると答える者が増える一方で、新聞離れが進んでいる。

総務省情報通信政策研究所の「平成28年情報通信メディアの利用時間と情報行動に関する調査報告書」によると、ソーシャルメディアによるニュース配信の利用率が全年代では前回調査の14.2％から32.5％に大幅に増加し、テキスト系ニュースサービスにおいて、ソーシャルメディアによるニュース配信の存在感が高くなった。20代では、ソーシャルメディアによるニュース配信を最もよく利用すると答えた割合が59％であるのに対して、紙の新聞と答えた割合は28.6％となっている（総務省情報通信政策研究所、2017: 76）。

ニュース情報源としてのソーシャルメディアの存在が重要になっている今日の情報社会は「フィルターバブル」と言われたり、あるいは、我々は「エコーチェンバー」の中にいるとも言われる。フェイスブックのニュースフィードやツイッターのタイムラインには、ソーシャルメディアのアルゴリズムによって、ユーザーの個々の嗜好（好きな話題や信条）に合わせて変化するフィルターを通した情報が届く。一見すると膨大な情報の中から我々が何を望んでいるのかに合わせて、必要な情報だけを取捨選択して届けてくれることは便利なようでもある。政府が情報を検閲したりコントロールしたりしているわけではないのだから良いではないか、と思うかもしれない。

しかし、サンスティーン（2017）は、「エコーチェンバーは人に偽情報を信じさせる可能性があり、それを訂正するのは困難もしくは不可能かもしれない」と指摘した（Sunstein, 2017: 11）。さらに、「インターネットによって、同じ考えを持つ者同士が言葉を交わすことが容易になり、究極的には過激で暴力的な立場へと彼らを向かわせるかもしれない」と述べ、「インターネットは集団分極化の大きなリスクを生む」と警鐘を鳴らした（Sunstein, 2017: 259）。

2. 欧米諸国におけるフェイクニュースの拡散と深まる社会の分断

2016年アメリカ大統領選挙を皮切りに、欧米諸国ではフェイクニュースの拡散によって、社会に混乱が生じ、選挙に影響が出るという懸念が強まっている。ここではアメリカ、ドイツ、フランス、イギリスのフェイクニュース問題を巡る諸相をまとめておきたい。

(1) アメリカの諸相

2008年の大統領選挙で、上院議員を1期しか経験していない民主党のバラク・オバマ（Barack Obama）候補が「チェンジ」を掲げて、ソーシャルメディアを駆使した画期的な選挙キャンペーンを展開して以来、アメリカでは多くの候補者が積極的にソーシャルメディアを選挙キャンペーンに活用してきた。インターネットやソーシャルメディアを使った選挙運動は、新たな「公共圏」を

生み出すのではないか、という期待も高まった。公共圏とは、ドイツの政治哲学者ユルゲン・ハーバーマスの言葉で、参加者が平等な立場で討論に参加でき、国家や社会の問題を自由に論じることができる熟議の場、という意味である（清原・前嶋、2013: ii）。

2016年の大統領選挙では、政治家経験のない、共和党のトランプ候補が既存の政治エスタブリッシュメントを強く批判し、ツイッターを巧みに使って選挙キャンペーンを有利に進めた。トランプ・キャンペーンは、既存の政治を壊し、新しい政治を作り出すという政治の新旧交代を主張した点、そして、ソーシャルメディアを活用して自らのファン層に共感を呼び起こす選挙運動を展開した点からすれば、オバマ・キャンペーンと変わらない。だが、残念ながら、2016年の大統領選挙では、ソーシャルメディア空間は新たな「公共圏」を生み出すどころか、冒頭で述べたように、フェイクニュースの嵐が吹き荒れる場所となった。

そして、「ポスト・トゥルース」という言葉が2016年の言葉としてオックスフォード辞典に選ばれた。同辞典によれば、この言葉は「世論形成において客観的な事実の影響力が弱まり、個人的な信念や感情に訴えることがより重要な状況」を指す。2016年の大統領選挙キャンペーン中にポリティコ（Politico）の編集長であったスーザン・B・グラッサー（Susan B. Glasser）（2016）は、この選挙によって、同じ考え方を持つ者同士のクラウドの渦の中に我々が暮らしていること、そして、フェイスブックのニュースフィードに害をなす党派的なフェイクニュースに囲まれていることが示されたと嘆いた。

グラッサーが悲観する状況は選挙が終わっても続いている。2017年1月に就任したトランプ大統領は、フェイクニュースにもう1つの概念を付け加えた。既述のように、トランプ大統領は、CNNやニューヨークタイムズなど主流メディア（mainstream media）を名指しで「フェイクニュース・メディア」「アメリカ国民の敵」とレッテルを貼り、自分に敵対するメディアを非難し始めた。トランプ大統領のレトリックによって、フェイクニュースという言葉は、客観的な真実かどうかにかかわらず、自分たちの信じる考え方と相容れない情報を指しても使われている。今や、共和党支持者は主流メディアを信じ

ず、民主党支持者は主流メディアを自分たちの信条を反映したものと見なしており、ほとんどのメディアはアメリカを党派的に分断する役割の一つとなってしまった、という指摘もある（Easley, 2017）。アメリカでは、主流メディアすらフェイクニュースと非難されるありさまであり、フェイクニュースはいわば社会の分断を表す象徴的な表現にもなっている。

(2) ヨーロッパ諸国における諸相

　ドイツでは、保守系ニュースサイトのブライトバート（Breitbart）が 2017 年 1 月 3 日、「暴露：大みそかの夜、1000 人の群衆が警察を襲撃し、ドイツ最古の教会に放火した」という見出しの記事を写真入りで掲載したことを発端に、フェイクニュースが炎上した。この記事は事実を報じたものではなかったが、何千回もソーシャルメディアでシェアされた。地元紙は、これはブライトバートによるフェイクニュースで、難民を危険視するヘイトメッセージを含む捏造記事だと伝えた（The Guardian, 2017）。ブライトバートは、トランプ大統領の首席戦略官を務めたスティーブン・バノンが創設したサイトである。

　こうした難民への憎悪をあおるフェイクニュースの拡散が目立つようになり、投稿されたものが削除されずにそのまま掲載されていることが社会で問題視されるようになった。これを受けて、ドイツでは 2017 年 10 月、フェイクニュースやヘイトスピーチの速やかな消去を大手ソーシャルメディア企業に義務付けた法律「ソーシャル・ネットワークにおける法執行を改善するための法律（通称 NetzDG）」が施行された。これは、フェイスブックなどのソーシャルメディア事業者に、「違法内容削除義務、その義務を果たすための苦情対応手続き整備義務、苦情対応状況の報告義務を課すとともに、これらの義務に対する違反に科される過料について定めたもの」である（鈴木、2018）。

　フランスでは 2017 年に大統領選挙が行われた。選挙は、極右のマリーヌ・ル・ペン（Marine Le Pen）候補と、中道のエマニュエル・マクロン（Emmanuel Macron）候補の間で争われた。事前にアメリカの国家安全保障局（National Security Agency）のマイケル・ロジャーズ（Michael Rogers）局長が議会の上院軍事委員会の公聴会において、アメリカはロシアの動きを監視しており、

ハッカーがフランスの選挙インフラに侵入しようとしている、と警鐘を鳴らしていた（NG, 2017）。予想通り、マクロン候補に関する醜聞の捏造や偽プロフィールがフェイスブックなどのソーシャルメディアで拡散されたが、マクロンの選挙陣営のサイバー対策チームは事前対策を練っていた（福田、2018: 157-158）。

　結果的にフェイクニュースの嵐に負けることなく、マクロン候補が当選したが、選挙へのフェイクニュースの影響が懸念されたことで、2018年1月に入って、マクロン大統領は、選挙期間中のフェイクニュースを規制する立法化の意向を示した。それに対し、極右政党のル・ペン党首はすかさず、「国民に口輪をつけて、それでもフランスは民主主義国家といえるのか。非常に心配だ」とツイッターで反撃を行った（Reuters, 2018）。フェイクニュースの規制を政府が導入するべきかどうか、世論は割れていた。結局2018年11月に成立した法律では、選挙前3か月の間にオンライン上で偽情報が拡散されることを防ぐ目的で、候補者や政党からの申請に基づき判事が速やかに判断を行い、該当記事の削除命令を下すことができるとされた（Fiorentino, 2018）。

　さらにイギリスでも、フェイクニュースの拡散で選挙情報が混乱した事件が起きた。たとえば、2016年のEU離脱を巡る国民投票直前には、公共放送のBBCのブレイキング・ニュースの偽画像に続いて、「EU残留に投票する人は6月23日に投票できる。離脱に投票する人は6月24日に投票できる」という偽情報がオンライン上で出回り、EU離脱キャンペーンを行っていたボート・リーブ（Vote Leave）は公式ツイッターでそれがフェイクニュースだと支持者に警告しなければならない事態が起きた（Smith, 2016）。

　2017年の総選挙では、保守党が労働党のコービン党首に対するネガティブキャンペーンを展開する中で、フェイクニュースを流した。保守党はコービン党首を批判する動画を制作したが、そこで使われた動画はスカイニュースでコービン党首が答えた一部を切り取ったもので、情報操作されたコンテンツであった。保守党はフェイスブックのニュースフィードに「6月9日、この人が首相になるかもしれない。そんなことにはさせない」というサブタイトルをつけて、この動画を入れ込み、拡散させた（Booth, Belam and McClenaghan,

2017)。

　また、イギリス下院のデジタル・メディア・文化・スポーツ委員会は2018年7月29日、「偽情報とフェイクニュース：暫定報告」において、2016年の国民投票および2017年の総選挙に関して、ロシアが介入したフェイクニュースがソーシャルメディアで拡散されたと指摘した。同報告書では、党派性の強いフェイクニュースは対立をあおるものとして、偽情報を積極的な脅威と見なしている（House of Commons Digital, Culture, Media and Sports, Committee, 2018: 3）。

3. 本書の狙いと特徴

　このように欧米の民主主義国家においてフェイクニュース拡散問題が深刻化する一方で、東アジアの民主主義国家ではどうだろうか。本書の狙いはそこにある。海外のフェイクニュース研究は言葉の壁もあるのか、欧米偏重である。国内のフェイクニュース関連の書籍では、平（2017）は、2016年のアメリカ大統領選挙を観察する過程で著者が注目することになった、アメリカで起きたフェイクニュース問題について紹介した。藤代（2017）は、不確実な情報や非科学的な情報、デマを「偽ニュース」と呼び、日本でも「偽ニュース」が広がっている点を指摘した。さらに、林（2017）はメディア不信の観点から日本、アメリカ、イギリス、ドイツにおけるフェイクニュースの状況を説明し、揺らぐ民主主義について論じている。福田（2018）はロシアによるフェイクニュースの影響を指摘し、アメリカ、イギリス、ドイツに加えてEUにおけるフェイクニュースの状況とその対策について解説した。また遠藤（2018）は、日本、アメリカ、ドイツ、フランスのフェイクニュースの状況を紹介した上で、「公共圏」となることを期待されたソーシャルメディア空間はもはや「公共圏」どころか、フェイクニュースが蔓延するところとなり、それによって、文明そのものの危機が訪れると指摘した。

　国内ではフェイクニュースに関連した新書が多く出版されているが、海外に比べると学術的な分析は少ない。そして国内でも欧米の事例紹介が圧倒的に多

い。アメリカを中心に、日本、イギリス、ドイツ、フランスのフェイクニュース現象を解説した書籍はあるものの、そこに韓国を比較対象に加えた書籍は見られない。したがって、本書が、国内外のフェイクニュース研究でこれまで手薄だった、日本、アメリカ、韓国の比較という視点を加えることは、今後、国際的なフェイクニュース研究に資する点が大きいと考えられる。日本と比べ、アメリカ、韓国には、インターネットを使った選挙運動が早くから開花したという共通点がある。

アメリカでのインターネットを使用した選挙運動（以下、ネット選挙運動と略記）といえば、2008年の大統領選挙で、ソーシャルメディアを巧みに活用した民主党のオバマ候補の選挙キャンペーンが今も多くの人の記憶に残っているだろう。しかし、アメリカではそれよりずっと以前、2000年の大統領選挙で共和党のジョン・マケイン（John McCain）候補陣営のインターネットを使った選挙資金調達が際立っていた。この大統領選挙は「インターネットが選挙キャンペーンに関して候補者と有権者の相互関係に新しい流行を開いた」と評価されている（清原、2011: 3）。

一方、韓国ではそれから2年後、盧武鉉（ノ・ムヒョン）大統領が誕生したが、韓国の2002年の大統領選挙は、「インターネットが大統領を作った」と考えられている（李、2011；高、2013）。さらに2011年ソウル市長補欠選挙でも、ツイッターは候補者と有権者の間の政治コミュニケーションを担う主な媒体となった（高、2013）。

アメリカ、韓国に対して、遅蒔きながら日本がネット選挙運動を解禁したのは、2013年の公職選挙法の一部改正による。それによって、ようやく政党、候補者、有権者は、選挙期間中に選挙運動を目的としたウェブサイトの更新やソーシャルメディアへの投稿などが可能になった。ただし、電子メールを用いた選挙運動は政党、候補者に限定されるなど、規制は残っている。日本で初のネット選挙運動が行われたのは、2013年の参議院議員選挙であった。

また、日本、アメリカ、韓国の比較という視点に加えて、本書のもう1つの特徴は執筆者の構成にある。清原聖子、ダイアナ・オーエン、小笠原盛浩および李洪千は2018年に、日本、アメリカ、韓国、台湾におけるネット選

挙運動の比較研究として、"Internet Election Campaigns in the United States, Japan, South Korea, and Taiwan"（Kiyohara, Maeshima and Owen編著）を上梓した。また、清原（主査）と李（幹事）は情報通信学会のインターネット政治研究会において、2018年1月から2019年6月までにフェイクニュースをテーマにした研究会を4回開催した。インターネット政治研究会では、高選圭、奥山晶二郎もフェイクニュースに関する報告を行った。本書は、これまでネット選挙運動について国際共同研究を行ってきたメンバーが中心となり、新たにフェイクニュース問題に照準を合わせて、インターネット政治研究会での議論を積み重ねて執筆された学術書である。

4. 本書の目的と構成

次に本書の目的と構成について述べたい。本書の目的は第1に、フェイクニュース拡散問題の発生源となったアメリカの状況と比較して、日本における2017年の衆議院総選挙と、韓国における2017年の大統領選挙を事例として、3か国のフェイクニュース現象を明らかにすることである。第2に、その現象の構造的な要因について、比較政治学の視点から、3か国のメディア環境の変化と政治環境の特徴に焦点を当てて検討する。第3に、フェイクニュースの渦から完全に逃れることができない中で、我々はどのような対策を講じることが可能なのか、現在進んでいる対策を踏まえて今後の展望を論じていきたい。本書が議論の対象とする期間は、2016年のアメリカ大統領選挙から2019年の日本の参議院議員選挙までである。

以下、本書の構成である。

第1章（担当：ダイアナ・オーエン、（訳）松本明日香）では、著者が主導しジョージタウン大学メディア政治調査グループが実施したフェイクニュースに対する大衆の態度に関するオンライン調査をもとに、アメリカ政治におけるフェイクニュースの概念の変化を明らかにした。そして、アメリカのエリート層と大衆はフェイクニュースを民主主義への脅威であると見なしていると述べる。

第2章（担当：清原聖子）では、初めに、なぜアメリカではフェイクニュー

スが大きな問題になっているのか、その背景を理解する手がかりとして、メディア環境の変化について明らかにした。続いて、フェイクニュースの拡散問題に対し、政府、プラットフォーム事業者、非営利団体の3つの主体（アクター）別にどのような対策が取られているのか、現状を検討する。

第3章（担当：高選圭）は、2017年の韓国大統領選挙の過程で、フェイクニュースが誰によって作られ、流通・拡散されたのか、その手段となるメディアやSNS（ソーシャルネットワーキングサービス）は何か、そして、実際の選挙結果へ与えたフェイクニュースの影響はどれほどのものなのか、という問題を分析した。さらに、韓国の政治や選挙がフェイクニュースによって左右される背景やそのメカニズムについて、メディアの分極化と政治の分極化の間の相互関係に着目して検討する。

第4章（担当：李洪千）は、2017年以降活発化しているフェイクニュースを規制しようとする韓国社会の動きを紹介している。フェイクニュースを法律で規制することによって、サービスの利用者、プラットフォーム事業者、メディアそれぞれに対してどのような影響が考えられるかを考察し、法的規制導入の問題点を指摘する。

第5章（担当：小笠原盛浩）は、ニュースの受け手がなぜそのニュースを「フェイク」と認知したのかという問いに着目し、著者が清原聖子と共同で実施した2017年の衆議院議員選挙時のオンラインアンケート調査結果をもとに、日本社会におけるフェイクニュース（ニュースのフェイク認知）の現況とそのリスクについて分析した。

第6章（担当：奥山晶二郎）では、新聞社のウェブメディアを運営する当事者の立場から、日本におけるフェイクニュース拡散の構図について、その構造的な問題の起源と対策を考える。そして、フェイクニュースの拡散につながる現在のデジタル空間における情報流通の仕組みを生み出した要因の一つには、新聞社など既存メディアのデジタル化の遅れがあったと指摘する。

最後に第7章では、2019年7月の参議院議員選挙を総括して、アメリカ、韓国との比較という視座から、日本におけるフェイクニュース現象と今後検討しなければならない課題について、清原聖子、小笠原盛浩、李洪千の3人が

鼎談を行った。

　ポスト・トゥルース時代に生きる我々は、ソーシャルメディア空間とどのように付き合えばよいのか。どうすればフェイクニュースの渦の中で民主主義を維持していくことができるのか。各章は独立した目的を有するが、本書は、この問いを全章を通じた検討課題としたい。鼎談では、2019年の参議院議員選挙を振り返りながら、本書で取り上げた論点について、包括的に議論を行う。

　フェイクニュース対策としては、政府による規制の導入やプラットフォーム事業者による自主規制の実施、メディアや非営利団体によるファクトチェック、そして若者のメディアリテラシー教育の充実など様々な手段を複合的に考えていく必要があるだろう。ゆえに、本書は、研究者のみならず、メディア関係者、政治家、官僚、そしてソーシャルメディアを主要な情報源としている若者を含む幅広い層を読者に想定している。フェイクニュースの拡散は日本の選挙をどのように変えるのか。そして今後、日本の民主主義社会にどのような影響を与えるのだろうか。アメリカ、韓国との比較から、本書がその展望を洞察する助けとなれば望外の喜びである。

参考文献
【外国語文献】

Allcott, Hunt and Matthew Gentzkow (2017) "Social Media and Fake News in the 2016 Election," *Journal of Economic Perspectives,* 31(2), Spring: 211-236.

Booth, Robert, Martin Belam and Maeve McClenaghan (2017) "Tory attack ad misrepresents Corbyn views on IRA, says Labour," *The Guardian*. June 2. https://www.theguardian.com/politics/2017/jun/02/labour-accuses-tories-of-fake-news-over-video-of-corbyn-ira-comments（2019年4月17日アクセス）

Broadband Genie and One Poll (2017) "British public concerned fake news could impact General Election," *Broadband Genie and One Poll*, May 10. https://www.broadbandgenie.co.uk/blog/20170505-fake-news-survey（2019年4月17日アクセス）

Easley, Jonathan (2017) "Poll: Majority Says Mainstream Media Publishes Fake News," *The Hill*. May 24. https://thehill.com/homenews/campaign/334897-poll-majority-says-mainstream-media-publishes-fake-news（2019年4月17日アクセス）

Fiorentino, Michael-Ross (2018) "France passes controversial 'fake news' law," *euronews*,

November 22. https://www.euronews.com/2018/11/22/france-passes-controversial-fake-news-law（2019 年 4 月 17 日アクセス）

Glasser, Susan B. (2016) "Covering Politics in a 'post-truth' America," *The Brookings Institution*. December 2. https://www.brookings.edu/essay/covering-politics-in-a-post-truth-america/（2019 年 4 月 17 日アクセス）

House of Commons Digital, Culture, Media and Sport Committee (2018) "Disinformation and 'fake news': Interim Report," July 29. https://publications.parliament.uk/pa/cm201719/cmselect/cmcumeds/363/363.pdf（2019 年 4 月 17 日アクセス）

──────── (2019) "Disinformation and 'fake news': Final Report," February 14. https://publications.parliament.uk/pa/cm201719/cmselect/cmcumeds/1791/1791.pdf（2019 年 4 月 17 日アクセス）

Kiyohara, Shoko, Kazuhiro Maeshima and Diana Owen. eds. (2018) *Internet Election Campaigns in the United States, Japan, South Korea, and Taiwan*, Cham: Palgrave Macmillan.

NG, Alfred (2017) "NSA chief: US alerted France to Russian election hacking," *CNET News*, May 9. https://www.cnet.com/news/nsa-warned-france-russia-election-hacking-mike-rogers/（2019 年 4 月 17 日アクセス）

Owen, Diana (2017) "Twitter Rants, Press Bashing, and Fake News The Shameful Legacy of Media in the 2016 Election," In *Trumped The 2016 Election That Broke All the Rules*, ed. Larry J. Sabato, Kyle Kondik, and Geoffrey Skelley: 167-180. Lanham, Maryland: Rowman & Littlefield.

Pew Research Center (2016) "Many Americans Believe Fake News Is Sowing Confusion," December 15. http://www.journalism.org/2016/12/15/many-americans-believe-fake-news-is-sowing-confusion/（2019 年 4 月 17 日アクセス）

Reuters (2018) "French opposition, Twitter users slam Macron's anti-fake-news plans," *Reuters*, January 5. https://www.reuters.com/article/us-france-macron-fakenews/french-opposition-twitter-users-slam-macrons-anti-fake-news-plans-idUSKBN1EU161（2019 年 4 月 17 日アクセス）

Smith, Riley, Ben (2016) "EU referendum: Out campaigns warns of 'scam' as fake news announcement says polls are open until Friday," *Telegraph*, June 23. https://www.telegraph.co.uk/news/2016/06/23/eu-referendum-out-campaign-warns-of-scam-as-fake-news-announceme/（2019 年 4 月 17 日アクセス）

Sustein, Cass R. (2017) *#Republic : Divided Democracy in the Age of Social Media*, Princeton, NJ: Princeton University Press.

The Guardian (2017) "German police quash Breitbart story of mob setting fire to Dortmund

Church," *The Guardian*, January 7. https://www.theguardian.com/world/2017/jan/07/german-police-quash-breitbart-story-of-mob-setting-fire-to-dortmund-church（2019年4月17日アクセス）

Vosoughi, Soroush, Deb Roy and Sinan Aral (2018) "The spread of true and false news online," *Science*, 359 (6380), March 9: 1146-1151.

Wardle, Claire (2017) "Fake news. It's complicated," *First Draft*, February 16. https://firstdraftnews.com/fake-news-complicated/（2019年4月17日アクセス）

【邦文文献】

遠藤薫（2018）「8章　ポスト・トゥルース時代のフェイクニュース」遠藤薫編著『ソーシャルメディアと公共性　リスク社会のソーシャル・キャピタル』東京大学出版会、pp.205-235。

清原聖子・前嶋和弘（2013）「序　『ネット選挙解禁』は何を生むのか――『公共圏』としてのインターネットか『選挙のアメリカ化』か」清原聖子・前嶋和弘編著『ネット選挙が変える政治と社会――日米韓に見る新たな「公共圏」の姿』慶應義塾大学出版会、pp.i-vii。

清原聖子（2011）「第1章　アメリカのインターネット選挙キャンペーンを支える文脈要因の分析」清原聖子・前嶋和弘編著『インターネットが変える選挙――米韓比較と日本の展望』慶應義塾大学出版会、pp.1-25。

高選圭（2013）「第4章　ネット選挙が変える有権者の政治参加――2012年韓国大統領選挙に見える市民ネットワーク型政治参加」清原聖子・前嶋和弘編著『ネット選挙が変える政治と社会――日米韓に見る新たな「公共圏」の姿』慶應義塾大学出版会、pp.67-92。

鈴木秀美（2018）「ドイツのSNS対策法と表現の自由」『慶應義塾大学メディアコミュニケーション研究所紀要』No.68、pp.1-12。http://www.mediacom.keio.ac.jp/wp/wp-content/uploads/2018/04/4338829378f9b93f524fb8aeb862933b.pdf（2019年4月17日アクセス）

総務省情報通信政策研究所（2017）「平成28年情報通信メディアの利用時間と情報行動に関する調査報告書」7月、p.76。http://www.soumu.go.jp/main_content/000492877.pdf（2019年4月17日アクセス）

平和博（2017）『信じてはいけない　民主主義を壊すフェイクニュースの正体』朝日新書。

林香里（2017）『メディア不信　何が問われているのか』岩波新書。

藤代裕之（2017）『ネットメディア覇権戦争　偽ニュースはなぜ生まれた』光文社新書。

福田直子（2018）『デジタル・ポピュリズム　操作される世論と民主主義』集英社新書。

李洪千（2011）「第3章　韓国におけるインターネット選挙――2002年と2007年の大統領選挙の比較」清原聖子・前嶋和弘編著『インターネットが変える選挙――米韓比較と日本の展望』慶應義塾大学出版会、pp.51-81。

第1章

アメリカ政治における「フェイクニュース」の進化と影響

ダイアナ・オーエン

(訳) 松本　明日香

はじめに

　ここのところ、アメリカでは国中が「フェイクニュース」にとりつかれている。この用語は政治と情報に関する数々の動向を言い表すために使用される。複数のソーシャルメディアのサイトは、2016年の大統領選挙期間に、ロシアの複数のフェイクメディアサイトによる偽情報の流布を助長したとして、徹底的に批判されている。オルト・ライトやオルト・レフトの情報機関は、左右双方の反対派をおとしめるうわさの応酬を定期的に行っている。ドナルド・トランプ大統領は、プロのジャーナリストたちに気に入らない記事を書かれるたびに、「フェイクニュース」だとののしることで、彼らまたは彼女らの不興をこうむっている。コメディアンにとって、フェイクニュースは政治的な風刺 (political satire) をする際のお決まりのネタだ。たとえば、エド・ヘルムズ (Ed Helms) が司会の「コメディ・セントラル」チャンネルのテレビ番組『フェイクニュース』は、あたかも現実のニュース番組のような作りだが、この番組の内容はすべて作り話で、まさにタイトル通りの番組だった。法律の専門家や監督当局は、フェイクニュースの誤った情報が、特に個人のプライバシーや名誉を毀損したような場合に適切に対処することを目的として提言された政策を法制化すべく、有効な政策手段を議論している。政治評論家や一般大衆は、誤情報の伝達と増殖・拡散がメディア嫌いの誹謗中傷と同様にアメリカの民主主義

にとって深刻な脅威となっていると懸念している。

　アメリカの大統領がフェイクニュースの第1の発信源であることが問題を大きくしている。もっぱら大統領の声明とツイートのファクトチェック（事実確認）を行っているだけで勤務時間が過ぎてしまうジャーナリストもいるくらいである。『ワシントン・ポスト』のファクトチェッカー（事実確認部署）は、トランプがホワイトハウスを支配して以来、大統領によってでっち上げられた誤情報または誤解を誘発する主張の累計数を追っているが、2019年2月17日（大統領就任後759日経過）時点で、トランプは8,718件の誤情報に基づく主張を行っており、それは1日あたり平均16.5件に上る（Kessler, Rizzo, and Kelly, 2019）。トランプは、主流メディアに自分の主張を伝えるための誤情報（misinformation）拡散機としてツイッターを使用してきている。トランプ個人のメッセージは平均2万回リツイートされるし、反メディア的なものに限れば平均して5万回ほどもリツイートされてきている（Wallsten, 2010）。メディア評論家やテレビ解説者は、トランプのツイートを解説したり、誤情報を検証したりすることに膨大な時間を費やしているが、そのこと自体がトランプの主張をより宣伝してしまう効果を持つのだった。

　多くの学術調査によって、フェイクニュースという厄介な捉えどころのない概念に対して、明快な枠組みを用いた説明が試みられてきた（Tandoc, et al., 2017; Wardle, 2017; Waldrop, 2017; Allcott and Gentzkow, 2017）。近年の文脈では、「フェイクニュース」という用語には2つの異なる意味合いがあるという考え方が主流である。1つめの定義は、ニュース機関やソーシャルメディアによる誤情報の拡散という側面に重きを置いたものである。ゲルフェルト（Gelfert）はフェイクニュースを「（特に）誤情報や誤解を招く主張をニュースという形で故意に表明すること、さらに、その主張はあえて誤解させるように『デザイン』されている」と定義している（Gelfert, 2018: 86）。フェイクニュースは、あえて誤情報としてデザインされているという点で、意図せぬ事実誤認や誤解によって拡散される誤情報などの他の誤情報と区別される。フェイクニュースのもう1つの定義は、自分が好まない情報に対して ── それが本当にフェイクかどうかはともあれ ──「フェイクニュースだ」と決めつけ

るトランプによって広められている。これらの相反するフェイクニュースの定義と、それらが結果として反映する政治的な現実が、現在のアメリカ政治の状況を象徴している。

　本章ではまず、フェイクニュースの進化と意味の変化を端的に吟味することで以下の2つの疑問に取り組んでいく。「フェイクニュース」とは何か？　そして、アメリカ政治におけるフェイクニュースの概念の定義は時とともにどのように変化してきているのか？　そうすることで、アメリカ人たちのフェイクニュースの定義についての深刻な混乱を反映する、実に様々な「彼らにとってのフェイクニュースの意味」の描かれ方を探る。

　次に、フェイクニュースの拡散の仕方に焦点を当てる。アメリカの政治活動においてソーシャルメディアは中心的な位置を占めており、そのためにフェイクニュースを、昔よりもより早くより広範に拡散する仕組みを提供するようになっている。さらに、一般におけるフェイクニュース、誤情報、メディアバイアスへの関心を論じる。続くセクションでは、ソーシャルメディアが人々のネットワークにおいてフェイクニュースの流入をいかに促進するのかを検討する。

　最後に、以下の問題に挑戦する。フェイクニュースはアメリカの民主主義においていかなる意味を有するのか？　デジタル時代においては誤情報のすさまじい拡散によって、統治がより困難になってきているのは明らかである。専門的ジャーナリストによってなされた事実に基づく調査報告と、軽薄なでっち上げのうその区別はあいまいになってきている。近年のフェイクニュース現象の影響は広範に見られる。フェイクニュースは、誤情報という側面と、反主流メディアがほのめかす含意の両方において、政治的な分極化を進め、政治機関に対する市民の不信感を高め、ジャーナリストや報道の自由への尊重を損なわせている。

　これらの問題提起を検討する中で、本章では独自の世論調査における知見を盛り込む。これは筆者が主導して、ジョージタウン大学メディア政治調査グループが実施した。この調査は、オンラインで全国からアメリカ人の構成を反映するようにサンプルをとって行い、フェイクニュースへの一般の態度

も調査項目として含めていた。この研究は2018年3月26〜30日までの期間で実施し、1,295人から回答を得た。回答者はメカニカルターク（Amazon Mechanical Turk: MTurk）[1]を通して投票可能年齢に基づき集められ、サーベイ・モンキー（SurveyMonkey）[2]のプラットフォーム上で調査を行った。参加者には謝金を支払った。

調査内容としては、フェイクニュース、誤情報そしてメディアバイアスに関しての幅広い質問項目を含んでいる。回答者の党への帰属意識、2016年の大統領選挙の候補者（民主党候補のヒラリー・クリントン（Hillary Clinton）または共和党候補のドナルド・トランプ）への選好も測定した。以下で述べるように、フェイクニュースについての考え方に関して、党への帰属意識と2016年大統領選挙での選択において有意な差異が見られた。共和党とトランプ支持者は、民主党とヒラリー支持者よりも、フェイクニュースをより深刻な問題と捉えていると考えられる。

1.「フェイクニュース」とは何か？

フェイクニュースの概念は現実の政治の世界でも、学術の世界でも注目を集めている。この言葉は様々な意味を持つ。風刺としてのフェイクニュース、利益誘導のためのフェイクニュース、政治的プロパガンダ、そしてニュース組織による飛ばし記事などがある。実際のところ、フェイクニュースはアメリカの文脈では、特に新しいものではない。最も初期の新聞は読者を楽しませ、購読者を増やすために、記事とデマをでっち上げた。煽情的で、風変わりな捏造記事を特徴とする「イエロー・ジャーナリズム」記事のあり方は、1世紀以上前のアメリカのメディアの顕著な特徴であり、今でもタブロイド紙の中にその特徴が脈々と受け継がれている（Love, 2007）。

フェイクニュースの定義はここ数十年で急激に変化した。1980年代から近年までは、「フェイクニュース」という表現は、『デイリー・ショー』『コルバート・レポート』『サタデー・ナイト・ライブ』における「ウィークエンド・アップデート」のような風刺ニュースやコメディ番組で言及されるものだった。こ

れらの番組は現実のニュース番組をまねた虚構である。しかし、それらの番組内で扱われる情報自体は、面白おかしくアレンジされた本物のニュースである。フェイクニュースの風刺番組を見る人々は、それらのショー番組に接することで、より政治への知識が深まるという研究がある（Jones, and Baym, 2010）。ところが、誤情報に基づく形のフェイクニュースに触れることは、反対の効果を持つ。

より悪質なフェイクニュースの概念として、ユーモラスな政治批評を含まず、代わりに意図的に受け手をだます情報を流布しようとするものがある。これが最近では、「特定の利益のために広められる根拠のない話」もフェイクニュースの特徴と見なされるようになってきた。今や、虚構の話がまるで本物のニュース記事のように作られ、『インフォ・ウォーズ』『ライテスト』『ナショナル・レポート』など、一見するとニュース配信サイトのように見えるウェブサイトに掲載されている。フェイクサイトは特定のイデオロギーの選挙民にコンテンツを宣伝するために、ソーシャルメディアのやり取りやアルゴリズムを利用する。偽造された記事は、人になりすますことでメッセージを複製していく、自動化されたソフトウェアであるソーシャルボットによってウィルス感染のように拡散される。2016年のアメリカ大統領選挙においては、選挙戦へ干渉するためロシアやマケドニアのトロール工場においてフェイクニュースが組織的に量産された（MacFarquhar, 2018）。誤った記事の内容としては、「フランシス（Francis）教皇がドナルド・トランプを大統領として支持した」とか、「ヒラリー・クリントンがISISに武器を売った」というものがあった。2020年の大統領選挙に向けて、裕福な保守派は全米各地で民主党の候補者に打撃を与える記事を発信するフェイク・ローカルニュースサイトを構築してきている（Fisher, 2019）。

この種のフェイクニュースは、国民の政治的良心に訴えかけるよう計算された政治プロパガンダと変わらない。2020年の民主党大統領指名に向けて名乗り出ている候補者らは過剰なサイバー・プロパガンダの的となってきており、移民や人種などの繊細な問題に巻き込まれてきている。アメリカ国内外の発信源は、誤情報を国際的に拡散するため、ソーシャルメディアのハッシュタ

グ (#)、投稿 (ポスト)、ネタ (ミーム) を駆使して組織的に取り組んでいる。人種問題で煽情的なネタとしては、アフリカ系アメリカ人であるカマラ・ハリス (Kamala Harris) 上院議員 (民主党―カリフォルニア州) に対して使われたものがある。エリザベス・ウォーレン (Elizabeth Warren) 上院議員 (民主党―マサチューセッツ州) についてのデマでは、大みそかにインスタグラム (Instagram) のライブストリームで、彼女の写真の背景である台所の棚に黒い顔の人形がいた、と十分な証拠もなくでっち上げるものがあった (Korecki, 2019)。

また、フェイクニュースは陰謀論、でっち上げ、あるいはうそということも多い。ヒラリー・クリントンと彼女の周囲がワシントンD.C.のピザ屋で組織的な小児性愛犯罪に関わったという2016年の選挙中のデマである「ピザ・ゲート」は、現実世界に影響を与えたでっち上げの一例だ。ある男は被害者とされた子どもを救うために実際にははるばる何百マイルも離れたところからやってきて、家族連れでごった返すそのレストランに銃を撃ちながら押し入ったのだった。続く2018年の中間選挙では、「ピザ・ゲート」のでっち上げに触発された別の男がそのレストランに放火した (Zadrozny, 2019)。「ピザ・ゲート」のように、でっち上げのうそは消え去らず、そして定期的に再出現しているように見える。億万長者のジョージ・ソロス (George Soros) が民主党に好意的な投票組織を構築すべく一般の人に金を払っているといううわさは、何度も虚偽であると立証されているにもかかわらず、選挙のたびに巡ってくる。

また、フェイクニュースは、適切な情報源や事実確認なしで済ませるニュース機関による浅はかな報道のことも指すようになってきている。この定義は新しいメディア時代の中でのジャーナリストのノルマの変化、つまり、ニュース記事をいかに早く打つかが求められるようになってきていることとも合致する。メディア報道の事実確認が杜撰になりつつあり、誤報を放つことは、ドナルド・トランプのような報道機関をけなす人々への援護射撃になる。このような方法で作り出される誤情報は、フェイクニュースとは意図的にだますためにデザインされたものであるという筆者たちの定義とは合致しないが、情報機関の間違いをフェイクニュースであると見なすアメリカ人もいる。

そして、フェイクニュースのもう1つの定義がドナルド・トランプの大統領選挙を通じて登場した。それは、トランプや彼のスタッフが自分たちにとって好ましくないニュースの評判をおとしめるために貼ったレッテルとしての「フェイクニュース」である（Hepworth, 2017）。トランプは彼の大統領就任式に集まった群衆の規模について、報道機関による推計はフェイクニュースであり、過小に推計していると繰り返しレッテルを貼ってきている。彼の前大統領報道官であるショーン・スパイサー（Sean Spicer）はトランプの主張を何度も強調させられていた。証拠写真はトランプの就任演説の聴衆がバラク・オバマのときのものよりずっと少ないことを示していたにもかかわらずだ。トランプは彼の支持基盤に向けて、報道記事がほぼ毎日作られるフェイクニュースであると断じている。

　トランプは同じように「作り話（hoax）」という言葉を「フェイクニュース」の同義語として、彼が評判を下げたいと思う情報を表現するために使用している。トランプの側近に対しての訴追と判決につながっている、2016年のアメリカ大統領選挙におけるロシアの介入についてのマラー特別検察官の証言は、頻繁にこれらの攻撃の対象となっている。トランプの「フェイクニュース」という呪文は意図的な欺瞞行為としてのフェイクニュースの定義の典型である。CBSニュース社のベテラン記者レスリー・スタール（Lesley Stahl）によるインタビューで、トランプは報道機関への彼の絶え間ない攻撃や、報道機関による報道を「フェイクニュース」と断じることについて弁明している。トランプはジャーナリストたちの前で、スタールに向かって次のように述べている。

> 私がこういうやり方をしているのはなぜかわかるかい？　私は君ら全員の信頼を損なわせ、君ら全員の品位を落とすためにやっているのだよ。そうすれば君らが私について否定的な記事を書いても、誰も君らを信用しないだろう。
>
> （Rosenberg, 2018）

2.「フェイクニュース」についての一般の認識

　フェイクニュースの概念についての多様な解釈、そしてその意味を巡る果てなき混乱を、世論調査の領域へ持ち込むことにする。フェイクニュースの意味と含意について、一般の人々の間に共通認識はほぼない。アメリカ人たちの考えるフェイクニュースの構成要件は、人によって様々に異なっている。

　2018年3月にジョージタウン大学メディア政策研究グループが実施した全米世論調査によって、一般大衆においてフェイクニュースについての共通認識が欠けているということが明らかになった。回答者の38％は（多数派とはとても言えないが）、フェイクニュースとは「あたかも事実に基づくニュース記事であるかのように提示された不正確な情報」のことを指すと考えている。18％は、「ドナルド・トランプが自分の好まないニュースの評判を落とすべく貼るレッテル」であると考えている。14％は、フェイクニュースを「ジャーナリストではない人たちが利益誘導のためにでっち上げたうそ」として定義している。12％は、「政治的なプロパガンダ」のことだと考えている。9％は、「報道機関によるいい加減な報道」であると考え、6％は「メディアを通して広められた陰謀論、でっち上げ、うそで構成されている」と考え、わずか4％だけがフェイクニュースは「『デイリー・ショー』のような風刺」のことであると主張している（表1-1）。

表1-1　一般の「フェイクニュース」の定義

客観的ニュース記事のように提示された不正確な情報	38％
ニュース記事の信頼性を傷付けるためにドナルド・トランプによって貼られたレッテル	18％
ジャーナリストではない人々が利益誘導のために書いた誤報	14％
政治的なプロパガンダ	12％
ニュース機関による不注意な記事	9％
陰謀論、作り話、うそ	6％
『デイリー・ショー』や『サタデー・ナイト・ライブ』の「ウィークエンド・アップデート」のような風刺	4％

この調査では、回答者は、自由記述の回答において自分たちのフェイクニュースについての考えに関する追加的な洞察を提供する。これらの回答はフェイクニュースの認識における強いイデオロギー的分断を反映している。あるトランプ支持者は、「フェイクニュースは闇の国家（ディープ・ステート）が自分たちの物語に合わない政治家（トランプ大統領）を排除するためのプロパガンダだ」と述べた。トランプの反対者は、フェイクニュースをトランプ支持のメディア、特にフォックスニュース（Fox News）と関連付ける。ほとんどの人たちはフォックスニュースの汚名をトランプに着せているが、バラク・オバマに紐付ける人々もわずかにいる。その回答の中には、次のようなものがある。

　　フェイクニュースは、バラク・オバマが人々をソーシャルメディアから金銭や法人利益によって簡単に操れるCNNのような伝統的なニュース源に戻すために使うレッテルだ。

　フェイクニュースという概念そのものを一顧だにしない人たちもいる。回答者の一人はフェイクニュースを次のように見なす。

　　混乱を生み、一般の人々を分断する意味深なはやり言葉だ。フェイクニュースなるものに実態はなく、あるのは誤情報だけだ。

　人々が受け入れるフェイクニュースの定義は、その人の政治的志向による。ドナルド・トランプの支持基盤である強力な共和党支持者は、フェイクニュースをスローガンであると考え、記事で提示される事実がしばしば不正確であるというトランプの言い分を受け入れている。筆者たちの調査は、人々のフェイクニュースの定義について、その人の党派的帰属意識によって重大な差異があることを確認している。図1-1が示すように、共和党員（46％）は民主党員（31％）より、フェイクニュースはあたかも客観的事実であるかのように提示された誤情報であると考える。同様に、共和党員（15％）は民主党員（4％）よりフェイクニュースを単なる不注意な報道であると考える。共和党員（4％）よりずっと多くの民主党員（29％）が、フェイクニュースとはニュース記事

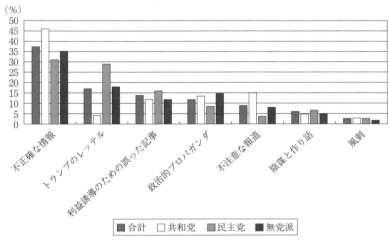

図 1-1　政党帰属意識別の「フェイクニュース」の定義

の信頼を損ねるためにドナルド・トランプによって使われているレッテルだと信じている。党帰属意識に基づく差異は統計的に有意である（x^2 p=.00）。

3. フェイクニュースとメディアの偏りについての一般の関心

　一般的なアメリカ人はフェイクニュース、誤情報の拡散、そしてニュースにおけるバイアスにとても関心が強い。筆者たちの調査が証明するように、メディアと誤情報についての関心の度合いは、党派的な志向と政治的な選好によって著しく異なる。共和党員とトランプ支持者らは、トランプの反メディア・レトリックを保持しつつ、他の人々よりフェイクニュースとメディアバイアスに関心が高い。

4. フェイクニュースの問題

人々はフェイクニュースが実際の問題であると考えている。ジョージタウン大学の調査では回答者に、フェイクニュースが現実的な問題であるのか、政治家たちに非好意的な報道への政治家らによるレッテルなのか選択してもらった。

一般人の大部分（62％）は、フェイクニュースは政治家が好ましくないと考える記事に貼られるレッテルであると考える人たち（38％）とは対照的に、ニュースの正確さに関わる現実的な問題であると考えている。しかしながら、その認識には党派性の大きな差異が見られる。共和党員のうち86％は、フェイクニュースは現実的な問題であると感じており、14％だけが政治家によるレッテルであると見なす。無党派層では、フェイクニュースを現実的な問題であると感じているものは、共和党員よりは少ない（63％）。民主党員においては逆の傾向が見られ、60％がフェイクニュースを政治家によって貼られるレッテルであると理解する一方で、現実的な問題であると見なすものは40％である。

この質問において、投票先がトランプであるか、ヒラリーであるかによっても大きな違いが見られる。共和党員のように、2016年にトランプへ投票し

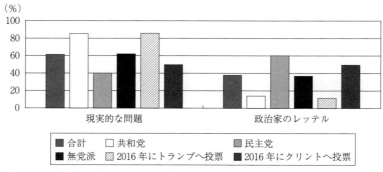

図 1-2　政党帰属意識と2016年の投票行動ごとの「フェイクニュース」問題

た86％は、フェイクニュースは政治家によるレッテルというよりむしろ現実的な問題であると見なしている。これは、クリントンの支持者たちの中には、フェイクニュースは現実的な問題であると主張するもの（50％）が、政治家によるレッテルであると見なすもの（50％）と同数いるのとは、ずいぶん対照的である。党帰属意識と投票選好に基づく差異は統計的に有意である（x^2 p=.00）（図1-2）。

5. ニュースに見られる偏り

　一般的なアメリカ人はニュースにおけるバイアス、特に報道が不公正にリベラルや保守に傾いていることに長いこと関心を持ってきている。このようなメディアバイアスは、議論がなされてきているように、政治的な分極化を促進し、国民世論を政治的な過激派の方向に導き、そして公共政策の議題へ不当に影響することで、政治に悪影響を与えうる。ナイト財団が2018年に行った調査がこれらの主張を支持している。同調査は過激な政治思想を持つ人々は、非常に保守的だと自認する人も、非常にリベラルだと自認する人も、ニュースにおいてより大きなバイアスを認識する傾向にある（Rothwell, 2018）。しかしながら研究では、ニュース記事における実際のバイアスについて、相矛盾する結果がもたらされている。ある調査ではバイアスが蔓延していると議論している（たとえば、Grossclose, 2011）。その一方で、ほかの調査では政治的なスキャンダルの報道を除いて、大部分の報道機関は非党派的な方法で記事を掲載しているという知見を得ている（Budak, Goel, and Rao, 2016）。

　学術的な証明には混乱が見られる一方で、一般平均的な市民は、近年のフェイクニュースの流行によって、メディアバイアスがこれまで以上に悪化した主要な問題であると認識させられている。2018年のギャラップ世論調査によると、62％のアメリカ人は新聞で読んだり、テレビで見たり、ラジオで聞いたりするニュースが偏っていると感じている。出会うニュースの約44％が不正確で、報道されているニュースの実に3分の1以上が誤情報であると推定しているのだ。アメリカ人はソーシャルメディア上のニュースにさらに懐疑

的である。ソーシャルメディア上の80％以上が偏っており、64％が不正確で、65％が誤情報であると信じている（Jones, 2018）。

　ジョージタウン大学の調査ではギャラップ世論調査の傾向と一致する結果が見られる。全体として、市民の85％は政治に関するニュース報道において少なくとも中程度のバイアスがあると見なしている。同大学調査回答者の45％はニュースにおけるバイアスはとても深刻な問題であると感じており、もう40％はある程度深刻であると考えており、深刻な問題ではないと述べたのはわずか15％だった。

　政党への帰属意識と候補者の選好によって、メディアバイアスの受け止め方には実質的な違いがある。共和党員（64％）は民主党員（26％）や無党派層（52％）よりもずっと、ニュースバイアスはとても深刻な問題であると見なす。クリントンへ投票した人の中でニュースにおけるバイアスをとても深刻な問題であると捉える人は3分の1であったのに対し、トランプへ投票した人の半分以上がとても深刻な問題であると捉えている。クリントンに投票した人の20％がメディアバイアスはひどい問題ではないと信じている一方で、トランプへ投票した人々のうちわずか6％だけが同様に感じていた。政党への帰属意識と投票先の選好による差異は統計的に有意である（x^2 p=.00）（図1-3）。

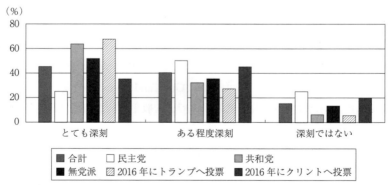

図1-3　政党帰属意識と2016年の投票選択によるニュースにおけるバイアス

6. ソーシャルメディアと「フェイクニュース」の新時代

　アメリカ政治における誤情報の拡散は、新たな技術革新の発生によって定期的に促進されてきている。1800年代中ごろ、世界中に誤情報を送信することを可能にした電報技術の発明によって、フェイクニュースの拡散が問題になった。近年のフェイクニュースに特徴的なのは、洗練されたソーシャルメディアというツールの強力な拡散促進能力と効果増強能力である。陰謀論、作り話、そしてうそはフェイスブック、ツイッター、インスタグラム、スナップチャット（Snapchat）、ユーチューブ（You Tube）やそのほかのソーシャルメディアを通じて効果的に拡散され、数十億もの消費者にあっという間に届けられる。そのような経路で拡散される誤情報に対抗しようとする努力の大半は失敗に終わる。

　誤情報の広がりは、IT企業がコンテンツに優先順位をつけるために用いるアルゴリズムによってさらに拡大される。フェイスブック、ツイッター、ユーチューブは、多くのユーザーが注目したコンテンツを重要なものと見なす深層学習（ディープ・ラーニング）アルゴリズムを使用している。これらのアルゴリズムは人々がもともと持っている信条や不満に一致する情報を最も受け入れやすいという、認知バイアスの陥穽に陥る。各人のバイアスを喚起させるようなセンセーショナルで扇動的なコンテンツは、大きな注目を集め、お気に入りボタンを押させ、再投稿させ、言及させ、コメントをさせるよう人々を刺激する。アルゴリズムは一瞬のうちに特定のトピックに関する6,000個以上のツイートを処理できる。そして、それが正確であれ、不正確であれ、速やかにユーザーのフィード（更新情報や記事概要一覧ページ）の上位にデータを移動させる（Ghosh, and Scott, 2018; Bontcheva, 2018）。一度投稿されたコンテンツは、オンラインに残り続ける。

　偽ニュース記事は、事実関係を重視する主流メディアによる報道よりもフェイスブック上でより広範に拡散する。誤情報がいったん大衆の領域に入り込むと、たとえ後から訂正されたとしてもその効果は継続する。たとえば、トロン

トのテロ攻撃の直後に、犯人は「怒れる中東人」であるといううわさがツイッターで広がった。この誤情報は、権威あるニュースメディアによって犯人が白人だと確認された後でさえも広く信じられていた（Meserole, 2018）。主流メディアも、記事内容においてソーシャルメディアの情報に非常に依存しており、問題のあるひどい情報を不用意に広めてしまうことがある。ケーブルテレビのニュース組織は、根拠のない主張に放送時間を割くことによって、それを拡散してきた（Zhang, Wells, Wang, and Rohe, 2017）。さらにabcnews.com.coのように正統なニュース組織に似た名前のフェイクニュースサイトがさらなる混乱を与えている。

　SNSのサイトでは、自分と似たような考え方の、周りの人が投稿するコンテンツを無条件に信頼するような読み手の集団を作り上げ、維持していくことができる。ソーシャルメディアのアルゴリズムは、個人情報と行動データを追跡することで、類似性のあるグループを識別することに長けている。フェイスブックとツイッターのようなサイトは、似たような信念を共有する人々を互いにつなぎ、彼らのつながりを強化しながら、政治的な情報や宣伝を彼らに提供する。誤情報はそのネットワークの中で、直ちに伝播するのである（Ghosh, and Scott, 2018）。

7．選挙におけるソーシャルメディアとフェイクニュース

　ソーシャルメディアは選挙過程における中心的な存在となりつつあるので、意図的であれ偶発的であれ、より誤情報の拡散の影響を受けやすくなってきている。フェイスブック（Facebook, Inc.）、グーグル（Google LLC）、アップル（Apple, Inc.）を含む巨大なIT企業は、知らず知らずのうちに2016年のアメリカ大統領選挙に影響を与えたと言われるロシアによる誤情報の拡散を可能とすることに加担させられた（Ghosh, and Scott, 2018）。この流れを推し進めることは、「ボット」の自動アカウントによって誤ったコンテンツを流布することにもつながってきている。フェイスブックの最高経営責任者（CEO）であるマーク・ザッカーバーグ（Mark Zuckerberg）がアメリカ連邦議会の前

で「私たちは誤情報について真剣に受け止めている」と証言したにもかかわらず、ソーシャルメディアを通しての誤った主張の流布は選挙後にも継続した（Meserole, 2018）。

　誤情報の流れを完全に無力化することは、不可能ではないにしてもきわめて困難である。2018年の中間選挙においても、誤った「事実」の拡散が至るところで発生していたという説得力のある証拠も存在する。オックスフォード大学インターネット研究所の研究者たちは、「プロパガンダや思想的に過激であったり非常に党派的だったり陰謀論的だったりする政治的なニュースや情報の様々な形」として定義される「ジャンクニュース」が、中間選挙期間中に問題になってきたことを明らかにした。事実、2018年の中間選挙では2016年の大統領選挙期間よりも、さらに多くのジャンクニュースが流布した。ユーザーはしばしばジャンクニュースと事実の情報の区別がつかない。そのため、ユーザーは自身のネットワークでジャンクニュースを事実よりも多く共有してしまった。以前はトランプ支持層とオルト・ライトの中でとどまっていた誤情報を、より幅広い保守政治層が共有していた。中間選挙時にソーシャルメディアで取り上げられた情報源のうち、公共機関、専門家、候補者本人発のものは5％未満であった（Marchal, et al., 2018）。

　誤情報の増加と、この問題における自身の役割に鑑みて、フェイスブックとツイッターは、中間選挙期間中に様々な結果を招く誤ったコンテンツの流通を断ち切ろうとする行動を取った。両社はファクトチェックをする取り組みとデジタルメディアリテラシーのプログラムを設けた。また両社は誤ったニュースのランキングを下げるアルゴリズムも開発した（Marchal, et al., 2018）。さらに、フェイスブックは300人からなる「ウォールーム」を立ち上げた。これは誤解させるようなコンテンツや陰謀論や対立をあおるプロパガンダの拡散を阻止し、組織的な口コミキャンペーンを抑制するためのものである（Frenkel, and Isaac, 2018）。

　両社は、正統なニュース源のようにデザインされた「フェイクニュース」ウェブサイトの影響を緩和することにも取り組んだ。これらの努力は選挙戦で活躍してきた、特にロシアのボットのような外国の操作の影響を、ある程

度削いだことが明らかとなっている。フェイスブックのアカウント 30 個とインスタグラムのアカウント 85 個は、ロシアの機関との関係性から凍結された（Read, 2018）。しかしながら、ソーシャルメディア利用者の体験におけるこれらの戦略の影響は、様々である。2016 年 7 月から 2018 年 7 月の間に、フェイスブックにおいては利用者の誤情報との接触は顕著に低減した。一方で、ドナルド・トランプが好むソーシャルメディアであるツイッターにおける偽の話の拡散は相当に増えたのだった（Allcott, Gentzkow, and Yu, 2018）。

正確な情報を有権者に提供するようにデザインされたプラットフォームにおいてさえ、誤情報は数多い。ツイッターは「アメリカ中間選挙における最新情報」というページを立ち上げた。そこでは、利用者は「最新情報と最高の評論を探索したり、それぞれの州で今まさに盛り上がっている争点、議論、候補者についての会話に参加したりする」ように推奨された。このページは有権者同士の「会話の健全さ」を促進するようにデザインされたが、誤情報、陰謀論、ボットによって流布された題材を促進するツイートをいまだに含んでいた。たとえば、立ち上げ初日に正統な情報の間に混じって、民主党が選挙前にまた別の「離れ離れの家族の危機」を作り上げるために、メキシコからアメリカとの国境線に向かって進むキャラバンに金を支払っていたと非難するツイートを含んでいた。さらに、非合法的な投票や、まだ選挙を戦っている候補者が脱落したというような誤った主張も投稿された。偽アカウントから両陣営の候補者へと繰り出されるトランプ型の個人攻撃は、政治家らやセレブらによるものとされた（Breland, 2018; Locklear, 2018）。

8. 民主主義への脅威

フェイクニュースの台頭は、アメリカの健全な民主主義を害しているという示唆がある。フェイクニュースの拡散は速く、反論するのは難しい。受け手側は、フィクションと事実を見分けるために多大な努力を要する。調査結果は、一般人は偽の話にだまされることを裏付けている。ピュー・リサーチ・センターの報告書によると、でっち上げられたニュースのために、アメリカ人の

88％が最近の出来事の基礎的な事実の認識において混乱している（Mitchell, Barthel, and Holcomb, 2016）。フェイクニュースは完璧に機能する民主主義の中心的な要件となる、情報を得た市民という理想像に対して戦いを挑んでいる。

フェイクニュースによる誤情報は、思想的に極端な方向に走りがちな人をターゲットとすることが多い。偽ニュースの記事は、政治指導者、党、組織、主流ニュースメディアなどについて、人々が以前から持つ考えに働きかける。ある偽ニュース記事はあからさまなでっち上げである一方で、信頼される仲間からその記事を受け取る人々に信頼感を与えるような真実の要素を含むものもある。フェイクニュースの記事はしばしば既成の政治的な組織や主体を攻撃する。ドナルド・トランプは議会に対する一般人の見方を損ねるために、継続的な根拠のない非難とともに誤情報を用いる。その結果、政治組織や特に議会に対しての信頼度が史上最低となっている。2019年3月に、ギャラップ社は、議会のしている仕事は市民のわずか20％にしか支持されていないと報じた（Gallup, 2019）。

フェイクニュースは特に、誤情報を検証すべき地域の報道機関の存在がメディアの地平から消え去りつつある現代において問題となりつつある。地域の人々に正しい情報を提供して誤情報を打ち消すような地元報道機関が存在しない「ニュース砂漠」が激増してきている。ニュース砂漠の拡大は、誤った情報が事実であると捉えられやすくなり、それが人々の反論のメカニズムがないソーシャルネットワークを通して拡散していくことを意味している（Bucay, et al., 2017）。

9. 民主主義への脅威としてのフェイクニュースについての一般の認識

一般的なアメリカ人は、フェイクニュースを民主主義に対する脅威であると捉える。ジョージタウン大学での調査への回答者の80％がフェイクニュースが民主主義に対して少なくとも何らかの脅威であると確信していることを明らかにした。フェイクニュースとメディアバイアスへの関心と同様に、回答者の

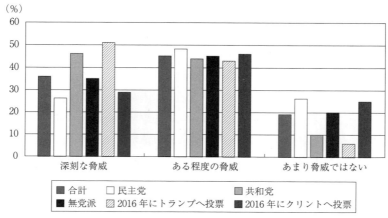

図 1-4　政党帰属意識と 2016 年の投票選択による民主主義の脅威としての「フェイクニュース」

党帰属意識と 2016 年の大統領選挙における投票選好によって回答内容は大きく異なっている。共和党（46%）とトランプ支持者（51%）は「フェイクニュース」とは民主主義に対する深刻な脅威であると考える。民主党（26%）とクリントン支持者（29%）はフェイクニュースが深刻な脅威であると考える傾向がずっと弱い。共和党の 10% やトランプ支持者の 6% とは対照的に、民主党とクリントンへ投票した人たちのうち、深刻な脅威であると考える人と同じくらいの割合の人が、フェイクニュースは脅威であると考えていない。無党派層の態度は共和党と民主党の間にあり、35% がフェイクニュースは深刻な問題であると捉える。党への帰属意識と候補者の選好に基づく違いは統計的に有意である（x^2 p=.00）（図 1-4）。

おわりに

　誤った情報が政治情勢に不安を与える可能性があるという懸念は現実的な問題だ。フェイクニュースは、政治的な情報空間に浸透し、無作法さを徐々に悪化させ、政治とメディア機関への不信感を悪化させ、そしてすでに不調和な

党をさらに分断させる。近年の誤情報の蔓延は、ファクトチェックのような通常の方法による修正を受け付けない。既成の報道機関と倫理的な政治指導者らによる、事実をもってフェイクニュースに対抗する立派な努力は、誤ったコンテンツの絶え間ない弾幕によってほとんどが無に帰す。世界的にも、フェイクニュースはドナルド・トランプのような、反主流派のレトリックで、権力者から「忘れられた人々」という自己認識を持つ人々の層に訴えるポピュリスト指導者の誕生に一役買っている。そのために、ポピュリストの指導者は既成の統治方針をおとしめ、法の支配に反旗を翻すような誤情報を斡旋する。そのために、アメリカのエリート層と大衆はフェイクニュースを民主主義への生きた脅威であると見なしている。

　フェイクニュースの問題にいかに取り組むかという問いには簡単には答えられない。人々にとって重要なのは、誤情報を識別でき、ニュースが事実であるかどうかの確認方法を理解できるかである。中学または高校でのデジタルメディアリテラシーを含む市民教育によって知的市民を育成することは、フェイクニュースが蔓延する近年においてますます欠かせない。誤情報の流れを統制するもう1つのメカニズムは、アルゴリズムを通して情報操作をする大きなメディア企業の義務である。フェイスブック、グーグル、そしてほかの企業は、誤情報やフェイクサイトをブロックするためのプロトコルの開発に邁進しているが、まだまだやれることはある。彼らが誤情報の拡散を抑えることに及び腰なのは、フェイクニュースが広がるのとまさに同じネットワークを活用した広告に彼らが依存していることに根差している。

　最後に、主流派ニュース機関がフェイクニュースを報道の中で繰り返し用いて、信用を付与してしまうことをやめるべきである。CNN、MSNBCやほかの報道機関においてコメンテイターは、本来は冷静に無視しなければならないはずの政治家の誤った主張やうそさえも批判して時間を費やすことで、ニュースとしての価値を与えてしまう。それゆえに、フェイクニュースのうそを打倒するための責任はすべての市民 ── 政治的な指導者と組織、ジャーナリスト、ニュース産業、巨大IT企業、そして市民たち ── の肩にかかっているのである。

注
1） メカニカルターク（MTurk）とは、アマゾンが運営するクラウドソーシングのプラットフォームである。そこでは、研究者たちは人々に報酬を払い、調査に協力してもらったり、データをコードしてもらったり、オンラインの実験に参加してもらったり幅広い業務を委託できる。本研究では、メカニカルタークを通してアメリカ人の代表的なサンプルをオンライン上で集め、謝金を支払って調査に参加してもらっている。
2） サーベイ・モンキーとは、クラウド上でオンライン調査の設計、実施、分析ができるサービスである。アメリカでは学術研究者から市場調査の担当者まで幅広く利用している。本研究では、調査設計とデータ収集にサーベイ・モンキーを使用した。

参考文献
【外国語文献】

Allcott, Hunt, and Matthew Gentzkow (2017) "Social Media and Fake News in the 2016 Election," Working Paper, No. 23089. Washington, D.C.: National Bureau of Economic Research. http://www.nber.org/papers/w23089（2019年3月2日アクセス），see also *Journal of Economic Perspectives*, 31, (2): 211-236. https://web.stanford.edu/~gentzkow/research/fakenews.pdf（2019年3月2日アクセス）

Allcott, Hunt, Matthew Gentzkow, and Chuan Yu (2018) *Trends in the Diffusion of Misinformation on Social Media*. Research Report. Stanford, CA: Stanford University, Institute for Economic Policy Research. https://siepr.stanford.edu/system/files/publications/18-029.pdf（2019年3月2日アクセス）

Bontcheva, Kalina (2018) "Comment: Discerning Truth in the Age of Ubiquitous Information," Interview. University of Sheffield, November 1.

Breland, Ali (2018) "Twitter's New Midterm Election Page Highlights Hoaxes and False Information," *The Hill*, November 30. https://thehill.com/policy/technology/413905-twitters-new-midterm-election-page-highlights-hoaxes-and-false-information（2019年3月2日アクセス）

Budak, Ceren, Sharad Goel, and Justin M. Rao (2016) "Fair and Balanced? Quantifying Media Bias through Crowdsourced Content Analysis," *Public Opinion Quarterly,* 80, Special Issue: 250-271. https://www8.gsb.columbia.edu/media/sites/media/files/JustinRaoMediaBias.pdf（2019年3月2日アクセス）

Bucay, Yemile, Vitoria Elliott, Jennie Kamin, and Andrea Park (2017) "America's Growing News Deserts," *Columbia Journalism Review*, Spring. https://www.cjr.org/local_news/american-news-deserts-donuts-local.php（2019年3月2日アクセス）

CBS News (2018) "Leslie Stahl: Trump Admitted Mission to 'Discredit' Press," *CBS News*, May 23. https://www.cbsnews.com/news/lesley-stahl-donald-trump-said-attacking-press-todiscredit-negative-stories/（2019年3月2日アクセス）

Chan, Man-pui Sally, Christopher R. Jones, Kathleen Hall Jamieson, and Dolores Albarracin (2017) "Debunking: A Meta-Analysis of the Psychological Efficacy of Messages Countering Misinformation," *Psychological Science*, 29 (11): 1531-1546. http://journals.sagepub.com/doi/pdf/10.1177/0956797617714579（2019年3月2日アクセス）

Fisher, Sarah (2019) "2020's Homegrown Fake News Crisis," *Axios*, March 4. https://www.axios.com/fake-news-local-outlets-2020-presidential-election-1144b4ee-d4b9-40f9-9d14-9fdc43793867.html（2019年3月2日アクセス）

Frenkel, Sheera, and Mike Isaac (2018) "Inside Facebook's Election 'War Room'," *The New York Times*, September 19.

Funke, Daniel (2018) "New Election, Same Viral Political Hoaxes," *Poyntner*, January 13. https://www.poynter.org/fact-checking/2018/new-election-same-viral-political-hoaxes/（2019年3月2日アクセス）

Gallup (2019) "Congress and the Public," Washington, D.C.: The Gallup Organization, March 5. https://news.gallup.com/poll/1600/congress-public.aspx（2019年3月2日アクセス）

Gelfert, Axel (2018) "Fake News: A Definition," *Informal Logic*, 38 (1): 84-117.

Ghosh, Dipayan, and Ben Scott (2018) "Facebook and Fake News: Disinformation Is Becoming Unstoppable," *Time*, January 24.

Grossclose, Tim (2011) *Left Turn: How Liberal Media Bias Distorts the American Mind*. New York: St. Martin's Press.

Hepworth, Shelley (2017) "Tracking Trump-era Assault on Press Norms," Columbia Journalism Review, May 25. https://www.cjr.org/watchdog/tracking-trump-assault-press-freedom-media-attack.php?Daily（2019年3月2日アクセス）

Jones, Jeffrey M. (2018) "Americans: Much Misinformation, Bias, Inaccuracy in News," *Gallup Blog*, June 20. https://news.gallup.com/opinion/gallup/235796/americans-misinformation-bias-inaccuracy-news.aspx（2019年3月2日アクセス）

Jones, Jeffrey P., and Geoffrey Baym (2010) "A Dialogue on Satire News and the Crisis of Truth in Postmodern Political Television," *Journal of Communication Inquiry*, 34 (3): 278-294.

Kessler, Glenn, Salvador Rizzo, and Meg Kelly (2019) "President Trump Made 8,158 False or Misleading Claims in His First Two Years," *The Washington Post*, February 17. https://www.washingtonpost.com/politics/2019/01/21/president-trump-made-false-or-misleading-claims-his-first-two-years/?utm_term=.a201cb9bb39c（2019年3月2日アクセス）

Korecki, Natasha (2019) "'Sustained and Ongoing' Disinformation Assault Targets Dem Presidential Candidates," *Politico*, February 20. https://www.politico.com/story/2019/02/20/2020-candidates-social-media-attack-1176018（2019年3月2日アクセス）

Locklear, Mallory (2018) "Twitter's New Midterm Election Page Already Includes Fake News," *Engadget*, October 30. https://www.engadget.com/2018/10/30/twitter-midterm-election-page-includes-fake-news/（2019年3月2日アクセス）

Love, Robert (2007) "Before John Stewart: The Truth About Fake News. Believe It," *Columbia Journalism Review*, 45 (6): 33-37.

MacFarquhar, Neil (2018) "Inside the Russian Troll Factory: Zombies and a Breakneck Pace," *The New York Times*, February 18. https://www.nytimes.com/2018/02/18/world/europe/russia-troll-factory.html.（2019年3月2日アクセス）

Marchal, Nahema, Lisa-Maria Neudert, Bence Kollanyi, and Philip N. Howard (2018) "Polarization, Partisanship and Junk News Consumption on Social Media During the 2018 US Midterm Elections," Data Memo. Oxford, UK: Computational Propaganda Research Project, University of Oxford. http://blogs.oii.ox.ac.uk/comprop/wp-content/uploads/sites/93/2018/11/marchal_et_al.pdf（2019年3月2日アクセス）

Meserole, Chris (2018) "How Misinformation Spreads on Social Media—And What To Do About It," *Brookings Blog*, May 9. https://www.brookings.edu/blog/order-from-chaos/2018/05/09/how-misinformation-spreads-on-social-media-and-what-to-do-about-it/（2019年3月2日アクセス）

Mitchell, Amy, Michael Barthel, and Jesse Holcomb (2016) "Many Americans Believe Fake News Is Sowing Confusion," Research Report. Washington, D.C.: Pew Research Center, December 15. http://www.journalism.org/2016/12/15/many-americans-believe-fake-news-is-sowing-confusion/（2019年3月2日アクセス）

Read, Max (2018) "Facebook Stopped Russia. Is That Enough?" *New York Magazine*, November 8. http://nymag.com/intelligencer/2018/11/fake-news-on-facebook-in-the-2018-midterms.html（2019年3月2日アクセス）

Rosenberg, Eli (2018) "Trump Admitted He Attacks Press to Shield Himself From Negative Coverage, Lesley Stahl Says," *The Washington Post*, May 22. https://www.washingtonpost.com/news/the-fix/wp/2018/05/22/trump-admitted-he-attacks-press-to-shield-himself-from-negative-coverage-60-minutes-reporter-says/?noredirect=on&utm_term=.d24bdccf1ba1（2019年3月2日アクセス）

Rothwell, Jonathan (2018) "Biased News Media or Biased Readers? An Experiment on Trust," *The New York Times*, September 26. https://www.nytimes.com/2018/09/26/upshot/biased-news-media-or-biased-readers-an-experiment-on-trust.html（2019年3月2日アクセス）

Tandoc, Jr., Edson C., Zheng Wei Lim, and Richard Ling (2017) "Defining 'Fake News', ": A Typology of Scholarly Definitions," *Digital Journalism*, 6 (2): 137-153. https://www.tandfonline.com/doi/abs/10.1080/21670811.2017.1360143（2019年3月2日アクセス）

Waldrop, M. Mitchell (2017) "News Feature: The Genuine Problem of Fake News," *Proceedings of the National Academy of Sciences of the United States of America*, 114 (48): 12631-12634. http://www.pnas.org/content/114/48/12631（2019年3月2日アクセス）

Wallsten, Kevin (2010) "'Yes We Can': How Online Viewership, Blog Discussion, Campaign Statements, and Mainstream Media Coverage Produced a Viral Video Phenomenon," *Journal of Information Technology and Politics*, 2 (3): 163-181.

Wardle, Claire (2017) "Fake News. It's Complicated," First Draft, Shorenstein Center on Media, Politics, and Public Policy, Harvard University, February 16. https://firstdraftnews.org/fake-news-complicated/（2019年3月2日アクセス）

Zadrozny, Brandy (2019) "Fire at 'Pizzagate' Shop Reignites Conspiracy Theorists Who Find a Home on Facebook," *NBC News*, February 1. https://www.nbcnews.com/tech/social-media/fire-pizzagate-shop-reignites-conspiracy-theorists-who-find-home-facebook-n965956（2019年3月2日アクセス）

Zhang, Yini, Chris Wells, Song Wang, and Karl Rohe (2017) "Attention and Amplification in the Hybrid Media System: The Composition and Activity of Donald Trump's Twitter Following During the 2016 Presidential Election," *New Media and Society*, 20 (9): 3161-3182.

第2章

アメリカにおけるフェイクニュース現象の構造とその対策の現状

清原　聖子

はじめに

　2016年のアメリカ大統領選挙では、オンライン上で様々なフェイクニュースが拡散され、大きな問題となった。たとえば、「ローマ法王が世界に衝撃、ドナルド・トランプを大統領に支持」という見出しの捏造記事が出回った（Schaedel, 2016）。また、いわゆるピザゲート陰謀論[1]の拡散については、それを信じた犯人が店に乗り込み銃撃戦にまで発展してしまった（Stelter, 2016）。ピュー・リサーチ・センターの調査（2016a）では、「フェイクニュースが基本的な事実や時事問題について大いに混乱をもたらしている」と答える人が回答者の64％に上った。しかし、フェイクニュースとは何か、という定義は確立されていない。

　アメリカではフェイクニュースという用語は多義的に使われている。フェイクニュースとはもともと、『デイリー・ショー』などのパロディニュース番組を指したものだった。それが2016年の大統領選挙では、ニュースプラットフォームや政治ブログのような体裁をしたウェブサイト上で、あたかも本当のニュース記事であるかのように掲載される、捏造された扇情的なストーリーとして連想されるようになった（Owen, 2018: 47）。また、フェイクニュースとは故意に捏造されたニュース記事を含め、読者を欺くその記事と定義して行われた研究もある（Allcott and Gentzkow, 2017）。

　他方で、フェイクニュースという言葉は、自分たちの信じる考え方と相容れ

ない情報を非難する際にも使われる。共和党のドナルド・トランプ大統領は、就任後まもなくツイッターを使って、主流メディアのニューヨークタイムズ、地上波の全国ネットワーク（NBC、ABC、CBS）そしてケーブルテレビのCNNを名指しで、「フェイクニュース・メディア」と呼び、それらは「私の敵ではない、アメリカ国民の敵だ」と攻撃した（Trump, 2017）。

このように多義的にフェイクニュースという用語が使われており、定義することは簡単ではない。さらに詳しいアメリカにおけるフェイクニュースの概念の変化については第1章でオーエンが説明しているので、ここでは定義についての説明はこのあたりでとどめておきたい。

それでは本章の目的は何か。本章では第1に、アメリカにおけるフェイクニュース現象の背景を理解する手がかりとして、メディア環境の変化に着目する。今日のアメリカのメディアは分極化していると言われる。現代アメリカ政治は、リベラル系と保守系に大きく分断されているが、メディアもまた左と右に分かれており、メディアの分極化（media polarization）は、アメリカにおけるフェイクニュース現象の構造的な要因の一つと考えられる。

伊吹（2017）は、フェイクニュースが流通し、社会的な情報の錯乱や対立が起きる構造的な要因として、「結果的に世論形成や個人の政治的決定が〈事実〉よりも虚偽情報による〈感情〉への訴えかけに強く影響を受けてしまうような危機的メディア状況（伊吹、2017: 30）」を挙げた。そして、リベラル系メディアと保守系メディアに分かれている現在のアメリカのメディア環境では、このような状況が進行中だと指摘した（伊吹、2017: 31）。

メディアのイデオロギー的なバイアスが批判される中で、既存のメディアに対する信頼度が1970年代以降大きく低下している点も軽視できない。それに比例するように、有権者にとって、ソーシャルメディアは主要な政治情報源となっている。

本章では第2に、メディア環境の変化を踏まえた上で、これまでのところフェイクニュースの拡散に対してどのような対策が進められているのかという点について、政府、プラットフォーム事業者、ファクトチェッカー（事実確認の記事を書く専門家のこと）の3つのアクター別に検討する。政府によるフェ

イクニュースの規制導入を巡る議論については、2017〜2018年に連邦選挙委員会（Federal Election Commission：以下、FECと略記）や連邦議会で行われた議論を公開資料に基づき整理し、どのような規制案が検討されたのかを明らかにする。また、プラットフォーム事業者による自主的な取り組みについて、フェイスブックとツイッターが2017〜2018年に導入した新たな政治広告のポリシーについて説明する。ファクトチェッカーについては、非営利団体のFactCheck.orgとポリティファクト（PolitiFact）について、その活動と組織の特徴を関係者へのヒアリング調査をベースに明らかにする。

最後に、本章はメディア環境の変化が進むアメリカにおいて、フェイクニュースの拡散に対してどのアクターがどのような考え方によって先導的に動いているのかという点を論じる。フェイクニュースの定義が容易ではない中で、政府がどのような対策を講じていくのか、かじ取りは難しいが、今後のアメリカにおけるフェイクニュース対策の展望についても述べたい。

1. メディア環境の変化

(1) メディアの分極化

アメリカ政治は21世紀に入り、これまで以上に政治的分極化（political polarization）が顕著になっていると言われている。ピュー・リサーチ・センターは1994年以来共和党と民主党支持者の間の政治的な価値に関する意識調査を行っている。同センターの調査（2017a）によれば、近年、人種や移民問題など社会のセーフティネットについての意識の違いが、両者の間で劇的に大きく広がっている。

政治的分極化は、議会の議員や有権者の意識だけではない。メディア環境にも反映されており、メディアの分極化も顕著になっている。1949年に連邦通信委員会（Federal Communications Commission：以下、FCCと略記）がフェアネス・ドクトリン（公平原則）を導入した当時、地上波はABC、CBS、NBCの3大ネットワークに支配されていた。そこで、FCCは大衆が様々な視点の意見を聞くことができるように、テレビ局が政治的に中立的な立場を取る

ことを求めて、フェアネス・ドクトリンを制定した。しかし、1980年代にはケーブルテレビが急速に普及し、多チャンネルサービスが可能となったことから、1987年にフェアネス・ドクトリンは廃止された（Ogasahara, 2018: 83）。それによって、報道の中立性、公平性はメディアの自主性に任されるようになった（伊吹、2017: 31）。

その後、ケーブルテレビに加えて、トークラジオや衛星放送、インターネットも普及し、メディアの多様化はいっそう進展した。メディアは特定の視点からニュースを視聴者に伝えることが可能になった。視聴者のメディアの選択肢が増えたことによって、有権者の投票行動における政党帰属意識への影響が増幅され、さらに政治の分極化が進んでいる（Prior, 2007: 214, 245）。今や党派的なメディアというのがアメリカのメディアの状況において、重要な要素の一つになっている（Levendusky, 2013: 8）。

メディアが分極化したことで、共和党支持者は保守派の情報源を、民主党支持者はリベラル的な情報源を求める傾向にある。表2-1に示したように、ピュー・リサーチ・センターの調査では、2016年の大統領選挙に際して、共和党のトランプ候補に投票した有権者の40％が保守系のケーブルテレビのフォックスニュースを主要な情報源としていた。一方、民主党のヒラリー・クリントン候補に投票した有権者は、リベラル系のケーブルテレビのCNN（18％）やMSNBC（9％）を主な情報源としていた。なお、クリントン候補に投票した有権者のうちではフォックスニュースを見ていた人は3％しかいなかった（Pew Research Center, 2017b）。

オンラインニュースはケーブルテレビほど選挙の主要な情報源とはなってい

表2-1　トランプ、クリントン両候補に投票した有権者の選挙情報源トップ3

	No.1	No.2	No.3
トランプ候補に投票した有権者	フォックスニュース（40％）	CNN（8％）	フェイスブック（7％）
クリントン候補に投票した有権者	CNN（18％）	MSNBC（9％）	フェイスブック（8％）

（出所：Pew Research Center（2017b）をもとに筆者作成）

ないが、図 2-1 が示すように、オンラインニュースの中でも支持政党の違いによって同様に選択的な傾向が見られた。リベラル系のハフィントンポスト（The Huffington Post）については、クリントン候補に投票した人の24％が定期的に利用していたのに対し、トランプ候補に投票した人の9％が利用したにすぎなかった。バズフィード（BuzzFeed）についても、クリントン候補に投票した人のうち10％が定期的に利用したのに対して、トランプ候補に投票した人は、4％が利用したと答えただけだった。また、保守系ニュースサイトのブライトバート（Breitbart）やドラッジレポート（Drudge Report）については、トランプ候補に投票した人の11％が利用したのに対し、クリントン候補に投票した人の1％が利用しただけだった（Pew Research Center, 2017b）。このように、ケーブルテレビにしろ、オンラインニュースにしろ、有権者は、政治イデオロギー的価値観を共有する（見たい）情報しか見ない傾向にある。

こうしたメディアの利用の仕方は、何をフェイクニュースと捉えるかという有権者の認知の違いにもつながる。共和党支持者は民主党支持者よりも、フェイクニュースの概念を拡大しているという調査結果がある。「ニュース組織が特定の観点からニュースを報道すること」を「いつもフェイクニュースである」

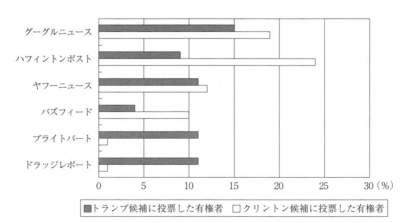

図2-1　トランプ、クリントン両候補に投票した有権者が定期的に利用したニュースサイト
（出所：Pew Research Center（2017b）に基づき筆者作成）

と認知している割合が、民主党支持者では20％であったのに対し、共和党支持者の場合は53％と高かった。また、「正しいストーリーだが、政治的指導者や団体について否定的に扱われたニュース」を「いつもフェイクニュースである」と認知する割合は、民主党支持者では17％だったのに対し、共和党支持者では42％と高かった（Gallup and Knight Foundation, 2018）。

　これらの結果は、アメリカにおけるフェイクニュース現象の一端は、メディアの分極化が進展し、リベラルバイアスのかかったメディアの報道に対する保守派の反発の強さにあることを示唆している。

(2) メディアの信頼度の低下

　メディアの分極化が進むアメリカでは、ニュースへの信頼度、そしてニュース組織への信頼度が日本と比べて低いという指摘もある（Ogasahara, 2018: 101-102）。アメリカのメディアの信頼度の低下は1970年代以降長期的に続いている。

　ギャラップ調査は1972年以来、「ニュースが公平で、正確で、公正に報道しているかという点から、どの程度マスメディアを信頼しているか」という質問で世論調査を行っている。それによれば、ウォーターゲート事件などの調査報道が行われて、1976年には72％と高かったメディアの信頼度が1990年代後半には50％台で推移し、2016年には32％にまで下がった。とりわけ、「メディアを信頼する」と答えた割合は、民主党支持者や無党派層に比べ、共和党支持者の間で落ち込みが大きく、前年の32％から14％へと大幅にダウンした（図2-2）。これは、共和党支持者の間でのメディア信頼度としては、過去20年間で最も低い値となった（Gallup, 2016）。

　2016年にメディアに対する信頼度が下がった要因として、ギャラップ調査は、「共和党指導者と保守派の評論家らは、マスメディアがヒラリー・クリントン候補に好意的で、ドナルド・トランプ候補に不公平でネガティブな扱いが多かったと述べており、それが信頼度の低下をさらに招いた主な理由かもしれない」と指摘した（Gallup, 2016）。

　アメリカの有権者は、メディアの分極化が進む環境で、イデオロギーバイア

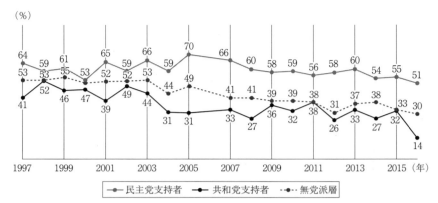

図2-2　1997〜2016年までの党派別、メディアの信頼度推移
（出所：Gallup, September 14, 2016）

スがはっきりした既存の大手ニュース組織に対して辟易している。メディアの信頼度が低下していることからわかるように、既存のニュース組織から情報を与えられることに懐疑的になっている。そのためソーシャルメディアを通じてニュースに選択的接触をすることに前向きであると考えることもできる（Ogasahara, 2018: 101）。

(3) ソーシャルメディアが主要な政治情報源に

　メディアの分極化とメディアの信頼度の低下が進む一方で、ソーシャルメディアが主要な政治情報源となってきた。ピュー・リサーチ・センターの調査（2016b）では、2016年の大統領選挙キャンペーンに関して「最も役に立った情報源」として、回答者の24％がケーブルテレビを挙げ、ケーブルテレビが有権者にとっての選挙情報源のトップの座を占めている。またそれに続いてソーシャルメディアは14％を占め、ローカルニュースと並んだ。さらに表2-2に示したように、年代別に見ると、18〜29歳の間ではソーシャルメディアが主要な選挙情報源のトップで、「ニュース・ウェブサイトやアプリ」が2位であった。若年層にとって、選挙情報源としてはオンラインの比重が大きいことが見て取れる。

表2-2　年代別に見た2016年の大統領選挙に関する主要な情報源（トップ5）

	18～29歳	30～49歳	50～64歳	65歳以上
1位	ソーシャルメディア（35％）	ケーブルテレビニュース（21％）	ケーブルテレビニュース（25％）	ケーブルテレビニュース（43％）
2位	ニュース・ウェブサイトやアプリ（18％）	ニュース・ウェブサイトやアプリ（19％）	ローカルテレビ（19％）	ネットワーク深夜ニュース（17％）
3位	ケーブルテレビニュース（12％）	ソーシャルメディア（15％）	ネットワーク深夜ニュース（14％）	ローカルテレビ（10％）
4位	ラジオ（11％）	ローカルテレビ（14％）	ラジオ（13％）	地方紙（紙）（6％）
5位	ローカルテレビ（10％）	ラジオ（13％）	ニュース・ウェブサイトやアプリ（10％）	ニュース・ウェブサイトやアプリ（5％）

（出所：Pew Research Center（2016b）をもとに筆者作成）

　有権者の選挙情報源の中で、ソーシャルメディアの存在感は高まった。しかし皮肉なことに、2016年の大統領選挙について見ると、ソーシャルメディアはフェイクニュースの主要な流通経路となってしまった。
　バズフィードは2016年の大統領選挙で投票日前の3か月間、選挙関連のフェイクニュースがフェイスブックでどのくらい閲覧されたのかを調査した。その結果、偽サイトやきわめて党派的なブログなどからのフェイクニュース トップ20の閲覧数について、フェイスブックでは約870万回の閲覧数（シェア、リアクション、コメント）があった。一方、同じ期間中に、ワシントンポストやニューヨークタイムズなど、19の主要ニュースサイトの選挙関連ニューストップ20の閲覧数（シェア、リアクション、コメント）は約730万回であった。最もよく出回った偽情報には、「クリントンがISISに武器を売った」や「ローマ法皇がトランプを支持した」というものがあった。バズフィードはこの結果について、「主要ニュースサイトからの選挙関連記事を組み合わせたものよりも、フェイスブック上で偽の選挙ニュースの記事の閲覧の方が上回った」と指摘した（Silverman, 2016）。

さらに別の調査でも、2016年の大統領選挙投票日の1か月前にアレクサ（alexa.com）から収集したウェブ・トラフィックソース（閲覧元）の分析から、主要なニュースソースについては、ソーシャルメディアのトラフィックシェアが低いのに対し、フェイクニュースの主要なサイトはソーシャルメディアのトラフィックシェアが高かったことが示された。そして、フェイクニュースの提供者にとってソーシャルメディアが安定した流通システムとなっている点が指摘された（Allcott and Gentzkow, 2017: 222-223）。

　情報発信の主要なプラットフォームとして不名誉にも「存在感」が高まったソーシャルメディアは伝統的なメディアと違い、ニュース配信に関して編集の責任を持たなくてよいのだろうか。この点について、ワシントンD.C.にあるニュースのための博物館、ニュージーアムのCEOであるジェフリー・ハーブスト（Jeffrey Herbst）は、次のように主張する。

> ソーシャルメディア企業は今や自分たちがニュース組織であることを認めなければならない。20世紀のニュース企業とは異なるが、ニュースを流すただのパイプではない。ソーシャルメディア企業は何がニュースなのかを決めている。
>
> 　　　　　　　　　　　　　　　　　　　　　　　　（Tribune News Service, 2016）

　しかし、フェイスブックのCEOであるマーク・ザッカーバーグは、反論した。

> 人々が主にフェイスブック上で行うことはニュースやメディアがすることではない。したがって、我々にその重要性を認めさせ、ニュース組織であることを押し付けるようとすることについて、奇妙に感じる。フェイスブックは主に人々が友達や家族とつながることを助けるものだ。
>
> 　　　　　　　　　　　　　　　　　　　　　　　　（Tribune News Service, 2016）

　2016年の大統領選挙は、ソーシャルメディア企業にとって大きな転換点となった。もはやソーシャルメディア企業は伝統的なニュース組織とは違うとばかりも言っていられない状況にある。次節以降、この状況への対策として、どのようなアプローチが進められているのか、説明していきたい。

2. オンライン政治広告に焦点を当てたフェイクニュース対策

(1) 連邦選挙委員会での検討

　フェイクニュースの拡散が社会に混乱を引き起こしても、アメリカでは政府がフェイクニュースの規制を導入することに慎重な姿勢が強い（Pew Research Center, 2018）。これに関連して、ナポリ（2018）は、次のように述べている。

> フェイクニュースは最も直接的に明白に、民主主義プロセスの品位にダメージを与えるタイプの言論であるにもかかわらず、大きく保護される対象の政治的言論であるところが皮肉である。政治的言論は名誉毀損でない限り、憲法修正第1条で保障された表現の自由を最も重視される言論である。
>
> （Napoli, 2018: 88）

　表現の自由という観点から、定義の難しいフェイクニュースに対して、政府による規制は慎重になるべきであろう。しかし、フェイクニュースをニュースではなく、偽情報を拡散する虚偽広告の一種と捉える見方もある。そしてゆっくりと、プラットフォーム事業者が自主規制を進めるのを見ているだけでなく、現行のFECの選挙キャンペーンに関する規制枠組みの抜け道を修正して、FECの規制の対象となる政治広告にソーシャルメディア上で配信される有料の政治広告を含めて検討すべきだという指摘もある（Wood and Ravel, 2018: 1285-1286）。

　候補者中心選挙、メディア中心選挙のアメリカの選挙キャンペーンの戦略においては、テレビ広告の果たす役割は非常に大きい。アメリカの選挙キャンペーン支出は巨額になるが、その主な要因はテレビ広告の費用がかさむためである（清原、2011: 19）。それがソーシャルメディアの選挙情報源としての存在感が高まるにつれ、選挙広告の様相も変わりつつある。2018年の中間選挙では、テレビ広告費用に加えて、フェイスブックやグーグルなどのデジタル広告費も大きく伸びた。2018年の中間選挙の候補者の中には、テレビ広告よりもデジタル広告を重視した者が何人かいた。その中で注目すべきは、テキサ

ス州上院議員に立候補した民主党のベト・オルーク（Beto O'Rourke）だろう。選挙キャンペーンにおける広告費用2,940万ドル（テレビ広告の1,940万ドルを含む）の34％をフェイスブックとグーグル広告に費やした（Fowler, Franz, and Ridout, 2018）[2]。

　政治広告は、連邦選挙運動法（Federal Election Campaign Act）の規制対象である。ネガティブキャンペーンが増え、信憑性の低い材料をもとに相手を攻撃するケースが目立ってきたため、2002年の同法の改正により、政治広告の質を向上させるために、選挙スポットの最後に、候補者が自分の声で自分の名前と「この広告の内容は私が認めている（"I approve this message."）」という一文を吹き込むことが定められた（前嶋、2011: 30）。

　しかし連邦選挙運動法では、インターネットを使った選挙運動については言及がないため、FECが2006年にオンライン上の選挙運動に関する連邦選挙運動規則の改正を行った。そして、FECは選挙運動として、インターネットを利用して特定の候補者や政党を支援するメッセージをホームページやソーシャルメディアなどに掲載することについて、原則的に自由とした。

　FECはここで、広報通信（public communication）の定義を見直した。広報通信とは、「放送、ケーブルまたは衛星通信、新聞、雑誌、屋外広告装置、一般大衆に対する大量郵便または電話マーケティング、もしくは一般大衆向け政治広告のいかなる形式をも含むもの」と定義され、「一般大衆向け政治広告は、他者のウェブサイトに料金を支払って行う通信を除いて、インターネット上の通信を含まないもの」とされた（湯淺、2010: 81-82）。つまり、オンラインを使った選挙運動は原則的に自由とされたが、候補者、政党の委員会、労働組織や企業などが有料で他者のウェブサイト上に政治広告を載せる場合には、誰がその政治広告に料金を支払ったのかを示す表示義務が課せられることとなった。

　デジタル広告が選挙キャンペーンにおいて、より影響力を持つようになってきたことで、2014年ごろからFECではインターネット広告に関する規制を見直そうとする動きが出ていた。それが、2016年の大統領選挙においてロシアからの介入があったという疑惑が大きな論争になったことによって、これまで

以上にオンライン政治広告の規制を求める風潮が強くなった。フェイスブックによれば、2015年6月から2017年5月までに約10万ドルの広告（約3,000広告）がロシアに関連したもので、約470の偽アカウントとページが同社のポリシーに違反したものだったと判明した（Stamos, 2017）。

FECは2018年3月26日、規則制定案告示（Notice of Proposed Rulemaking：以下、NPRMと略記）を発表した。NPRMでは、広報通信の定義を改正するかどうか、そして、現在、広告のスポンサー表示義務のない、インターネット上の動画やテキストなどの広告についてどのように取り扱うべきかを問うた。約16万のパブリックコメントがFECに寄せられ、FECは6月27、28日、オンライン政治広告のスポンサー表示義務を巡り、公聴会を開催した。しかし「テレビ広告と同じ規制のカテゴリーにオンライン政治広告を入れるべきではない。FECが規則を制定するのではなく、市場に任せるべきだ」という共和党全国委員会の最高デジタル責任者（Chief Digital Officer）の批判などもあり、FECで規則を制定するにはまだ機は熟していなかった（Federal Election Commission, 2018）。

(2) 連邦議会での検討

他方、連邦議会では2017年10月に「正直な広告法案（Honest Ads Act）」が上下両院で提出された。上院では、民主党のエイミー・クロブシャー（Amy Kloubuchar）とマーク・ワーナー（Mark Warner）の両議員が、共和党のジョン・マケイン（John McCain）議員と共同で法案を提出した。クロブシャーは、FECに対してもオンライン有料政治広告の規則を制定するように要請する書簡を何度も出しており、この問題に熱心な議員の一人である。下院では、民主党のデレック・キルマー（Derek Kilmer）議員と共和党のマイク・コフマン（Mike Coffman）議員が類似の法案を提出した。

法案の内容を整理すると、2002年の連邦選挙運動法の改正によって、放送やケーブルテレビの政治広告に関して義務付けられている規制をデジタル・プラットフォームにも拡大するというものである。毎月の平均ビューワー数が5,000万以上あるデジタル・プラットフォーム事業者に対して、過去1年間に

少なくとも500ドル以上の選挙関連広告については、広告のデジタルコピーや広告主の明示とともに、広告のターゲットになった層がわかるようにした情報をオンライン公開調査が可能な形で記録することを求めた。そして、その記録をデジタル・プラットフォーム事業者は少なくとも4年間保持しなければならないとした。さらに同法が成立した場合、90日以内にFECは同法に従って規則制定を行うことが求められた（S.1989, 2017; H.R.4077, 2017）。法案を提出したクロブシャー上院議員は、外国からの政治広告を通じての選挙への介入を防ぐ点を強調して、法案の意義を主張した（Klobuchar, 2017）。

　法案提出から半年あまりたった2018年4月、フェイスブックやツイッターは同法案に対して支持を表明した。フェイスブックのザッカーバーグは、フェイスブック上で次のように述べた。

> 選挙への介入は、どのプラットフォームよりも大きな問題であるため、我々は「正直な広告法案」に賛成する。これによってすべてのオンライン政治広告の基準が引き上げられることになるだろう。
>
> 　　　　　　　　　　　　　　　　　　　　　　　　　　　（Zuckerberg, 2018）

続いてツイッターも、「ツイッター・公共政策アカウント」でコメントした。

> ツイッターは、オンライン広告の透明性を高める取り組みを進めている。我々は「正直な広告法案」によって、オンライン広告について適切なフレームワークが作られると信じている。そして、法案の提案者らとともに、この重要な法案に磨きをかけて進んでいくために働けることを楽しみにしている。
>
> 　　　　　　　　　　　　　　　　　　　　　　　（Twitter Public Policy, 2018）

　この法案は、フェイスブックやツイッターのほか、「女性有権者のためのリーグ（League of Women Voters）」など市民団体からも支持を得ていた（League of Women Voters, 2017）。また、2017年10月24日に下院では、連邦政治広告および規制を監視するため、情報技術に関する小委員会で公聴会が開かれた。ここで民主党のロビン・ケリー（Robin Kelly）下院議員は、FECが2006年に連邦選挙規則を改正してから10年以上がたっており、政治広告

の状況も変わっていると指摘した。そして、「正直な広告法案」によって、オンライン政治広告プラットフォーム事業者に広告のターゲットとなるオーディエンスを明らかにさせることで、オンライン政治広告の透明性が高まることが期待できると支持を表明した（Political Transcript Wire, 2017）。

しかし、公聴会では、連邦選挙法の一部改正によって、インターネットや新たな公共圏へのアクセスが制限されるとして反対する声が上がった。また、オンライン広告主を開示する仕組みを作らせるという規制はメディア組織に負担をかけるとして、議会はデジタルメディア企業の自主規制（self-regulatory mechanisms）の強化を支持するべきだと主張する声もあった（Political Transcript Wire, 2017）。同法案を巡っては、表現の自由を主張する人々や、選挙法に新たな規制を加えることに反対する人々からの批判があり、当初からおそらく共和党多数議会では十分な政治的支持を得られないだろうという見通しであった（Shaban and Demirjian, 2017）。結局、第115議会（2017―2018年）で、「正直な広告法案」は廃案となった。

（3）プラットフォーム事業者の自主的な規制の導入

FECでも連邦議会でも、オンライン政治広告を巡る新たな規制は実現しなかった。しかしオンライン政治広告に透明性を求める社会的な機運は高まった。ツイッターとフェイスブックは、自らオンライン政治広告に関して透明性を高めるための新たなポリシーを導入した。

ツイッターは2017年10月24日、「透明性センター（Transparency Center）」を新設し、その中に選挙キャンペーン部門を設置すると発表した。そして、同社のポリシーとして、選挙キャンペーン[3]に関連して作られた広告の場合、それがわかるラベル表示をすること、さらに、広告主によって支払われた広告費の総額を開示し、選挙キャンペーンに資金を提供した組織についての透明性を高めること、また、広告のターゲットとなる年齢や性別、地理的なデモグラフィー、および広告主による選挙キャンペーン関連の広告費のこれまでの記録を明らかにする方針を示した。そして、同社のポリシーに違反した場合、厳しいペナルティを科すと言う（Twitter blog, 2017）。

さらに、2018年5月24日には、同社はアメリカ国内の政治キャンペーンポリシーを開始し、連邦選挙への政治キャンペーン広告を掲載したい広告主に対して、身元証明を行うことを義務付けた。ポリシーには、外国人からのアメリカ国内に向けた政治広告の禁止も明示されている（Twitter blog, 2018）。

　フェイスブックも、アメリカ国内で2018年5月24日から政治広告主の情報に関して、ラベル表示を開始した。そして、アメリカ国内で政治広告を流す広告主は身元や、位置情報を明らかにしなければならないとされた。また、選挙キャンペーン広告やその他の政治広告については、ラベルをクリックすると、何人がそのページを見たか、キャンペーン予算などの関連情報がわかるようにした。フェイスブックやインスタグラム上のイシュー広告については、広告主が誰かわかるように広告のトップに"Paid for by（～によって支払われた）"と表記される。さらに、最大7年間にわたり、政治広告を一括で保管し、検索ができるアーカイブを提供する。研究者やジャーナリストなどが、その政治広告を検索・分析できるようにするためのAPI（ソフトウェア機能の共有）も今後提供される予定だという。そして、同社のポリシーに従わない政治広告は取り下げられ、アーカイブに保管される（Leathern, 2018）。

　このように、FECでは規則の改正に至らず、連邦議会でも立法化に至らなかったが、オンライン政治広告の透明性を高める取り組みについては、プラットフォーム事業者が今のところ自主的に進めている状況にある。

3. ファクトチェッカーへの期待

　その他のフェイクニュース対策として、ファクトチェッカーの役割に期待がかかる。政治家の発言の真偽を明らかにした記事を書くファクトチェックは、もともとフェイクニュース対策として始まったわけではない。しかし、有権者の選挙キャンペーン広告の受容には、ファクトチェックに接触することが大きく影響しているという分析もある（Fridkin, Kenney and Wintersieck, 2015）。また、2012年の大統領選挙を例にとり、長期的に政治的なファクトチェックを行うことで、政策に対する候補者の立場や大統領選挙の背景的な事実に関し

て、有権者の正確な認識が増したという研究もある（Gottfried, Hardy, Winneg and Jamieson, 2013）。

　ファクトチェッカーとして知られている組織には、ワシントンポストのようにメディアが運営するタイプと、非営利団体が運営するタイプがある。本節では、非営利団体が運営するファクトチェッカーとして、FactCheck.orgとポリティファクトを例に挙げ、そのファクトチェック活動について説明する。

(1) FactCheck.org

　ファクトチェッカーのパイオニア的存在であるFactCheck.orgは2003年、ペンシルバニア大学アネンバーグ公共政策センター長のキャサリン・ホール・ジャミーソン（Kathleen Hall Jamieson）と、調査報道のベテランジャーナリストであるブルックス・ジャクソン（Brooks Jackson）によって設立された。FactCheck.orgは選挙キャンペーンの献金やいい加減なテレビ広告が増加してきたことを背景に設立された（Kiely, 2019）。FactCheck.orgでは、およそ1か月に42本、少なくとも1日に1本のファクトチェック記事を書いており、平均すると1日2本の記事をサイトに投稿する。「ファクトチェックがフェイクニュースの拡散対策として効果的だと思うか」という筆者の質問に対し、FactCheck.orgのユージーン・キエリー（Eugene Kiely）部長は、「効果的だと思う。しかしある程度だが」と答えた（Kiely, 2019）。

　キエリー部長はFactCheck.orgの強みとして、大学に組織が置かれていることを挙げる。

> 我々はペンシルバニア大学との関係で様々な恩恵を受けている。大衆はメディアや政治家よりも、高等教育機関に信頼を置いていると思う。大学で始めたということで、我々の信頼性が強化されている。
>
> （Kiely, 2019）

　また、優秀な学生の存在も組織の強みである。FactCheck.orgには7人のフルタイムスタッフと、ペンシルバニア大学の5人の学部生がアルバイトで働いている。2010年から年間のフェローシップとして優秀な学生をトレーニン

グしており、トレーニングを受けた学生たちは、FactCheck.orgの運営に効果的かつ効率的に役立っている（Kiely, 2019）。

　他のファクトチェッカーとの差異について、キエリー部長は、「レーティング（rating：評価）をしないこと」と「非営利であること」という2点を挙げた。ファクトチェッカーの中でもポリティファクトやワシントンポストは、政治家の発言の真偽について段階を付けた評価を行うが、FactCheck.orgではそれをしない。また、2016年にはFactCheck.orgのサイトのページビューは8,500万を超えたが、大学の組織の中にあり、非営利であるためページビューを稼ぐ必要がないという利点もある（Kiely, 2019）。

　さらに、非営利であることでテレビや新聞など他のメディアと連携しやすい点も考えられる。たとえば、FactCheck.orgのファクトチェック記事は、全国紙のUSAトゥデイ（USA Today）やMSN.com（マイクロソフト（Microsoft）のニュースプラットフォーム）などにもシェアされている。さらに、CNNの『ステート・オブ・ザ・ユニオン（State of the Union）』という番組と2015年から協力関係にある。FactCheck.orgが大統領や候補者の発言に関してファクトチェックを行った記事をベースにして、ニュースアンカーのジェイク・タッパー（Jake Tapper）が伝える動画をCNNとFactCheck.orgのウェブサイト上で見ることができる（Annenberg Public Policy Center, 2015）。新聞やテレビなど他のメディアでも流通することで、ファクトチェック記事はより多くの有権者へと届けられるのである。

　FactCheck.orgの特徴の最後に、収入源が挙げられる。主要な収入源はアネンバーグ財団からの寄付で、2010年からは個人献金も受け入れている。また、フェイスブックからは（後述の）フェイクニュース対策で協力関係を結んでいるため財政的支援を受けている。金額的には、2019会計年度第2四半期で、アネンバーグ財団からの16万1,888ドルに対しておよそ半分の8万1,800ドルをフェイスブックから受け取っている。ただしファクトチェックの編集にフェイスブックは関与しない。なお、フェイスブック以外の企業や、組合や党派的な組織、アドボカシー団体からの寄付は受け付けていない（FactCheck.org Financial Disclosure, 2018）。

(2) ポリティファクト

　FactCheck.orgに続いて、ポリティファクトは、ビル・アデール（Bill Adair）によって2007年に活動を開始した。アデールは、フロリダの地方紙、タンパベイタイムズのワシントン支局長であった。2008年の大統領選挙が近づいてきたとき、アデールは、プレスの報道にフラストレーションを感じており、政治家の発言の正確性をチェックする活動に着手した。そして、選挙キャンペーンが終わってからも、政治家や政府関係者、テレビのコメンテーターの発言に関するファクトチェックの活動を続けることになった。現在、アデールはポリティファクトを離れている。ポリティファクトもタンパベイタイムズではなく、フロリダ州セントピーターズバーグに拠点を置く非営利団体であるポインター研究所の編集者や記者によって運営されている（Jacobson, 2019）。

　ポリティファクトは10人の主要な全国的なスタッフに加えて、契約ベースで州の政治についてファクトチェックを行う20〜25人の担当者も協力する体制を敷いている。2007年からこれまでに1万4,000〜1万5,000のファクトチェック記事を書いており、おおむね毎週25本のファクトチェック記事を書いている（Jacobson, 2019）。

　ポリティファクトのファクトチェックの特徴は、先述のFactCheck.orgと違って、政治家の発言について「True（正確）」から「Mostly True（ほぼ正確）」「Half True（不正確）」「Mostly False（ほぼ誤り）」「False（誤り）」「Pants on Fire（まったくのデタラメ）」まで、6段階の評価を行う点である。それぞれの評価について、記事を書いた記者による提案はあるが、3人の編集者で協議を行い、判断が分かれたときには、投票して多数決で決定する。この「Truth-O-Meter」という評価は、ポリティファクトのウェブサイト上で、ヘルスケアや中絶などイシューごとにキーワード検索すると表示されるので、閲覧が可能である。また、イシューによるキーワード検索の代わりに、発言した政治家や利益団体などの名前をクリックすると、当該人物（団体）のこれまでの発言が表示されるようなデータベースになっている（Jacobson, 2019）。「ファクトチェックがフェイクニュースの拡散対策として効果的だと思うか」という筆者の質問に対し、ポリティファクトの上級担当記者であるルイス・ジェイコブソ

ン（Louis Jacobson）もまた、「効果的だ」と答えている（Jacobson, 2019）。

　非営利団体のポリティファクトの経営は、主にポインター研究所に頼っているが、ウェブサイト上のオンライン広告やコンテンツをメディア企業に販売することでも収入を得ている。ポリティファクトも後述のフェイスブック・イニシアティブに協力しており、フェイスブックからの経済的支援も大きい（Sharockman, 2019）。2017年1月からは寄付をしてくれる人向けに会員制サービスも始めた。ポリティファクトの母体になっているポインター研究所は内国歳入庁（IRS）規則で501（C）（3）という非営利団体のステイタスを持っている。このステイタスのおかげで、ポリティファクトに寄付をした者は税制控除を受けられる特典があるため、今のところ会員登録する人が期待以上に多い（Jacobson, 2019）。

(3) フェイスブック・イニシアティブへの協力

　FactCheck.orgとポリティファクトは、これまで説明してきた活動に加えて、2016年の大統領選挙後から、フェイスブックによるフェイクニュース対策イニシアティブに参加している。この取り組みにはほかに、ファクトチェッカーとしてAP通信やスノープス（Snopes.com）なども参加している。

　このイニシアティブは、フェイスブック側がより信頼性の高いプラットフォームとなるために、フェイスブックのニュースフィードでフェイクニュースが流れることを防ぎたいということで始まった。フェイスブックは2016年の大統領選挙後、ユーザーがフェイクニュースだと思った記事に対して、「これはフェイクニュースである」とクリックして、フィードバックをフェイスブックに送ることができる機能を取り入れた。

　その情報（そのコンテンツに対するユーザーからのフィードバックの数を含む）は、フェイスブック・イニシアティブに提携しているファクトチェッカーに送られる。ファクトチェッカーはそうした情報のリストの中から、どれをファクトチェックするか決める。もしファクトチェッカーがそれをフェイクニュースであると認定したならば、フェイスブックのニュースフィードで元の投稿に「第三者機関のファクトチェッカーによって真偽が問われている」と書

かれた警告ラベルと、その理由が説明されたサイトのリンクが表示される。そして、フェイスブックのアルゴリズムで、その情報が拡散することが難しくなるように設定される。警告ラベルが付けられても、ユーザーがシェアすることは可能だが、警告ラベルが付いた状態でシェアされる（Sharockman, 2017; Factcheck.org, 2016; Mosseri, 2016）。

開始当時に比べれば、ファクトチェッカーがファクトチェックを行い警告ラベルを付けるという仕組みも改善され、今では「価値があり、効果的な協力関係だ」と先述のFactCheck.orgのキーリー部長は評価する（Funke and Mantzarlis, 2018）。しかし、フェイスブックのこの警告ラベルを付ける仕組みがフェイクニュースの拡散に歯止めをかけているかどうかについては、あまり効果がないのではないかという見方もある（Levin, 2017）。

フェイスブックのプロジェクトマネージャーであるテッサ・リオンズ（Tessa Lyons）は、フェイスブックにおけるフェイクニュースの数は全体として減少していると言う。しかし、バズフィード・ニュースによれば、フェイスブックが第三者機関のファクトチェッカーによる警告ラベルを付ける仕組みを始めてから2年がたつが、2018年にはフェイスブック上で、トップ50に入るフェイクニュースについて、シェアやリアクション、コメントなどの閲覧数が2,200万回あった。これは2017年と比べてわずか7%減っただけであった（Silverman and Pham, 2018）。また、フェイスブックと提携しているファクトチェッカーの一つ、スノープスは2019年2月、第三者機関としてファクトチェック・サービスを提供することの影響とコストを見極めたいとして、フェイスブックとの協力関係を更新しないと表明した（Green and Mikkelson, 2019）。

2018年12月現在、フェイスブックのファクトチェックイニシアティブに参加する第三者機関は、24か国35パートナー数となっており、グローバルな取り組みとなっている（Carden, 2018）。フェイクニュースを減らせるかどうか、このイニシアティブの効果を判断するには時期尚早かもしれないが、フェイスブックは2019年にさらにこのパートナー数を拡大していこうとしている。

おわりに

　本章では、初めにアメリカにおけるフェイクニュース現象を理解する手がかりとして、メディア環境の変化について焦点を当てた。そして現在アメリカでどのようにフェイクニュース対策が進んでいるのか、FEC、連邦議会、プラットフォーム事業者、ファクトチェッカーといったアクター別に取り組み状況を検討した。

　2016年の大統領選挙は、ソーシャルメディア企業にとって大きな転換点となった。メディア環境が変化し、政治広告もデジタル広告が増え、有権者にとっての選挙情報源としてのソーシャルメディアの存在感が高まった。その反面、フェイクニュースの流通に関し、ソーシャルメディア企業の責任が問われる状況となった。

　しかし、これまで見てきたように、フェイクニュースの定義が難しい状況で、アメリカでは政府が憲法修正第一条で保障された表現の自由を規制するような、フェイクニュース対策を導入することには共和党や世論からの抵抗感が強い。FECでも連邦議会でもフェイクニュースの対策の一つとして検討されてきたオンライン政治広告の透明性を高めるための規制見直し法案だが、制定に至っていない。それでもフェイクニュースの流通に関し、社会的にプラットフォーム事業者の責任が問われるようになり、フェイスブックやツイッターは自ら自主規制に乗り出した。

　オンライン政治広告以外のフェイクニュース対策として、より正確な選挙情報を有権者に伝えるという点で期待されるのがファクトチェッカーの存在である。ただ、メディアの分極化が進み、人々はソーシャルメディア上で価値観を共有する者同士との情報交換に浸かった環境にある（エコーチェンバー現象）。フェイスブックのニュースフィードで見たい投稿だけを見る —— そういった情報空間にいる人々に、果たしてファクトチェッカーの情報が届くのかという疑問もあるだろう。サンスティーン（2017）は、エコーチェンバーには人に偽情報を信じさせる可能性があり、それを訂正するのは困難もしくは不可能か

もしれないと指摘する（Sunstein, 2017: 11）。

　それでも、ファクトチェッカーたちは様々なメディアとの連携を通じてオープンマインドの人々へファクトチェック記事を届けるため、努力を続けている。先述のように、2016年の大統領選挙後には、フェイスブックとファクトチェッカーが協力関係を結び、ファクトチェッカーがフェイクニュースをチェックする機能への期待が増した。その効果は今のところ判断が難しいが、フェイスブックはこの取り組みをアメリカ国内にとどまらず、グローバルなパートナーシップへと発展させている。

　以上説明してきたことから、アメリカでは、政府以外のアクターがリードしてフェイクニュース対策が進められていると言える。しかし、社会的な要請や政治状況の変化により、現状の対策では不十分として政府による新たな規制の導入へと発展することも考えられる。

　たとえば、これまでフェイクニュース対策をリードすることを余儀なくされてきたフェイスブックだが、ザッカーバーグは2019年3月30日、政府にインターネットの規制を強化することを求める発言を行い、4つの規制が必要だと述べた。その中で、フェイクニュース対策と関連する規制としては、ヘイトスピーチのような違法なコンテンツと公正な選挙を行うための政治広告が挙げられた（Zuckerberg, 2019）。また、2018年の中間選挙で下院議会の多数派が民主党に代わったことで、オンライン政治広告の規制を巡り、選挙法の改正議論が再燃するかもしれない[4]。ただし、上院は引き続き共和党が多数派である。

　政府によるフェイクニュースの規制導入に慎重なアメリカにおいても、プラットフォーム事業者の自主規制だけでは難しい局面にきている。ソーシャルメディア上でフェイクニュースの拡散が選挙に及ぼす影響と、オンライン上の表現の自由の擁護とを天秤にかけ、どのように折り合いをつけていくのか。今後、政府によるフェイクニュースに関する規制の導入の是非を巡る論争がさらに活発化する可能性もあるだろう。

注

1） 「ワシントンのピザ店が小児性愛と児童買春の拠点になっており、ヒラリー・クリントン候補がそれに関わっている」という、いわゆるピザゲート陰謀論は、2016年大統領選挙戦の終盤に4Chan、ツイッターなどで拡散した。
2） オルークは2019年3月14日、2020年の大統領選挙に出馬表明をした。
3） ここで言うelectioneering advertisement（選挙キャンペーン関連広告）とは、FECの定めるelectioneering communication（選挙運動コミュニケーション）の定義に準じる。つまり、「明確に特定された連邦候補者や候補者に関連する政党に言及し、本選挙などの前60日間、または予備選挙などの前30日間に公開される」選挙広告のこと。
4） 2019年5月には、上下両院で再び「正直な広告法案」が提出された。

参考文献

【外国語文献】

Allcott, Hunt and Matthew Gentzkow (2017) "Social Media and Fake News in the 2016 Election," *Journal of Economic Perspectives*, 31(2), Spring: 211-236.

Annenberg Public Policy Center (2015) "CNN's 'State of the Union' and FactCheck.org Partner on Coverage," *Annenberg Public Policy Center*, September 4. https://www.annenbergpublicpolicycenter.org/cnns-state-of-the-union-and-factcheck-org-partner-on-campaign-coverage/（2019年4月14日アクセス）

Carden, Meredith (2018) "Responding to the Guardian: A Fact-check on Fact-checking," *Facebook newsroom*, December 13. https://newsroom.fb.com/news/2018/12/guardian-fact-check/（2019年4月6日アクセス）

Factcheck.org (2016) "FactCheck.org to Work With Facebook on Exposing Viral Fake News," December 15. https://www.annenbergpublicpolicycenter.org/factcheck-org-to-work-with-facebook-on-exposing-viral-fake-news/（2019年4月6日アクセス）

Factcheck.org Financial Disclosure (2018) "Fiscal Year 2019, Second Quarter (three months ending Dec.31)." https://www.factcheck.org/our-funding/（2019年4月6日アクセス）

Federal Election Commission (2018) "Public hearing on internet disclaimers," *FEC Record*, July 18. https://www.fec.gov/updates/public-hearing-internet-disclaimers-2018/（2019年4月6日アクセス）

Fowler, Erika Franklin, Michael Franz and Travis N. Ridout (2018) "The Big Lessons of Political Advertisements in 2018," *The Conversation*, December 3. http://theconversation.com/the-big-lessons-of-political-advertising-in-2018-107673（2019年4月6日アクセス）

Fridkin, Kim, Patrick J. Kenney and Amanda Wintersieck (2015) "Liar, Liar, Pants on Fire: How Fact-Checking Influences Citizens' Reactions to Negative Advertising," *Political*

Communication, 32(1): 127-151.

Funke, Daniel and Alexios Mantzarlis (2018) "We asked 19 fact-checkers what they think of their partnership with Facebook. Here's what they told us," *Poynter*, December 14. https://www.poynter.org/fact-checking/2018/we-asked-19-fact-checkers-what-they-think-of-their-partnership-with-facebook-heres-what-they-told-us/（2019 年 4 月 6 日アクセス）

Gallup (2016) "Americans' Trust in Mass Media Sinks to New Low," *Gallup News*. September 14. https://news.gallup.com/poll/195542/americans-trust-mass-media-sinks-new-low.aspx（2019 年 4 月 6 日アクセス）

Gallup and Knight Foundation (2018) "American Views: Trust, Media and Democracy," *Gallup/Knight Foundation Survey*. 29. https://kf-site-production.s3.amazonaws.com/publications/pdfs/000/000/242/original/KnightFoundation_AmericansViews_Client_Report_010917_Final_Updated.pdf（2019 年 4 月 6 日アクセス）

Gottfried, Jeffrey A., Bruce W. Hardy, Kenneth M. Winneg and Kathleen Hall Jamieson (2013) "Did Fact Checking Matter in the 2012 Presidential Campaign?" *American Behavioral Scientist,* 57(11): 1558 -1567.

Green, Vinny and David Mikkelson (2019) "A Message to Our Community Regarding the Facebook Fact-checking Partnership," *Snopes*, February 1. https://www.snopes.com/snopes-fb-partnership-ends/（2019 年 4 月 6 日アクセス）

H.R.4077 (Honest Ads Act) (2017) 115th Congress (2017-2018), October 29. https://congress.gov/bill/115th-congress/house-bill/4077/text（2019 年 4 月 6 日アクセス）

Jacobson, Louis (2019) Senior Correspondent, Politifcat とのインタビュー（肩書はインタビュー当時），March 15.

Kiely, Eugene (2019) Director, FactCheck.org からのメール回答（肩書は回答当時），March 14.

Klobuchar, Amy (2017) "Klobuchar, Warner, McCain Introduce Legislation to Improve National Security and Protect Integrity of U.S. Elections by Bringing Transparency and Accountability of Online Political Ads," *News Release*, October 19. https://www.klobuchar.senate.gov/public/index.cfm/news-releases?ID=4D8BEA1F-291E-477E-9B47-F08883DE39B4（2019 年 4 月 6 日アクセス）

League of Women Voters (2017) "League Supports Honest Ads Act," *League of Women Voters*, October 24. https://www.lwv.org/money-politics/league-supports-honest-ads-act（2019 年 4 月 6 日アクセス）

Leathern, Bob (2018) "Shining a Light on Ads with Political Content," *Facebook newsroom*, May 24. https://newsroom.fb.com/news/2018/05/ads-with-political-content/?ref=fbb_bringing_more_transparency（2019 年 4 月 6 日アクセス）

Levendusky, Matthew (2013) *How Partisan Media Polarize America,* Chicago: The University

of Chicago Press.
Levin, Sam (2017) "Facebook promised to tackle fake news. But the evidence shows it's not working," *The Guardian*, May 16. https://www.theguardian.com/technology/2017/may/16/facebook-fake-news-tools-not-working（2019年4月6日アクセス）
Mosseri, Adam (2016) "Addressing Hoaxes and Fake News," *Facebook newsroom*, December 15. https://newsroom.fb.com/news/2016/12/news-feed-fyi-addressing-hoaxes-and-fake-news/（2019年4月6日アクセス）
Napoli, Philip, M. (2018) "What If More Speech Is No Longer the Solution? First Amendment Theory Meets Fake News and the Filter Bubble," *Federal Communications Law Journal*, 70 (1):55-104.
Ogasahara, Morihiro (2018) "Media Environments in the United States, Japan, South Korea, and Taiwan," In *Internet Election Campaigns in the United States, Japan, South Korea, and Taiwan*, ed. Shoko Kiyohara, Kazuhiro Maeshima and Diana Owen: 79-113. Cham: Palgrave Macmillan.
Owen, Diana (2018) "Characteristics of US Elections in the Digital Media Age," In *Internet Election Campaigns in the United States, Japan, South Korea, and Taiwan*, ed. Shoko Kiyohara, Kazuhiro Maeshima, Diana Owen: 27-53. Cham: Palgrave Macmillan.
Pew Research Center (2016a) "Many Americans Believe Fake News Is Sowing Confusion," December 15. http://www.journalism.org/2016/12/15/many-americans-believe-fake-news-is-sowing-confusion/（2019年4月6日アクセス）
_____ (2016b) "The 2016 Presidential Campaign – a News Event That's Hard to Miss," February 4. http://www.journalism.org/2016/02/04/the-2016-presidential-campaign-a-news-event-thats-hard-to-miss/（2019年4月6日アクセス）
_____ (2017a) "The Partisan Divide on Political Values Grows Even Wider," October 5. http://www.people-press.org/2017/10/05/the-partisan-divide-on-political-values-grows-even-wider/（2019年4月6日アクセス）
_____ (2017b) "Trump, Clinton Voters Divided in Their Main Source for Election News," January 18. http://www.journalism.org/2017/01/18/trump-clinton-voters-divided-in-their-main-source-for-election-news/（2019年4月6日アクセス）
_____ (2018) "Americans Favor Protecting Information Freedoms Over Government Steps to Restrict False News Online," April. 19. http://www.journalism.org/2018/04/19/americans-favor-protecting-information-freedoms-over-government-steps-to-restrict-false-news-online/（2019年4月6日アクセス）
Political Transcript Wire (2017) "H Oversight Information Hearing on Oversight of Federal Political Advertisement Laws and Regulations," *Political Transcript Wire*, October 27.

Prior, Markus (2007) *Post-Broadcast Democracy*. New York: Cambridge University Press.

S.1989 (Honest Ads Act) (2017) 115th Congress (2017-2018), October 19. https://www.congress.gov/bill/115th-congress/senate-bill/1989/text（2019 年 4 月 6 日アクセス）

Schaedel, Sydney (2016) "Did the Pope Endorse Trump?" *FactCheck.org*, October 24. https://www.FactCheck.org/2016/10/did-the-pope-endorse-trump/（2019 年 4 月 14 日アクセス）

Shaban, Hamza and Karoun Demirjian (2017) "Facebook and Google might be one step close to new regulations on ad transparency," *The Washington Post*, October 19. https://www.washingtonpost.com/news/the-switch/wp/2017/10/19/facebook-and-google-might-be-one-step-closer-to-new-regulations-on-ad-transparency/（2019 年 3 月 23 日アクセス）

Sharockman, Aaron (2017) " We started fact-checking in partnership with Facebook a year ago today. Here's what we've learned," *Politifact*, December 15. https://www.politifact.com/truth-o-meter/article/2017/dec/15/we-started-fact-checking-partnership-facebook-year/（2019 年 4 月 6 日アクセス）

Sharockman, Aaron (2019) "Who pays for Politifact?" *Politifact*, January. https://www.politifact.com/truth-o-meter/blog/2011/oct/06/who-pays-for-politifact/（2019 年 4 月 6 日アクセス）

Silverman, Craig (2016) "This Analysis Shows How Viral Fake Election News Stories Outperformed Real News on Facebook," *Buzzfeed*, November 16. https://www.buzzfeednews.com/article/craigsilverman/viral-fake-election-news-outperformed-real-news-on-facebook（2019 年 4 月 6 日アクセス）

Silverman, Craig and Scott Pham (2018) "These Are 50 of the Biggest Fake News Hits on Facebook in 2018," *Buzzfeed*, December 28. https://www.buzzfeednews.com/article/craigsilverman/facebook-fake-news-hits-2018（2019 年 4 月 6 日アクセス）

Stamos, Alex (2017) "An Update on Information Operations on Facebook," *Facebook newsroom*, September 6. https://newsroom.fb.com/news/2017/09/information-operations-update/（2019 年 4 月 6 日アクセス）

Stelter, Brian (2016) "Fake news, Real violence: 'Pizzagate' and the Consequences of an Internet echo chamber," *CNN*, December 5. https://money.cnn.com/2016/12/05/media/fake-news-real-violence-pizzagate/（2019 年 4 月 14 日アクセス）

Sustein, Cass R. (2017) *#Republic : Divided Democracy in the Age of Social Media*, Princeton, NJ: Princeton University Press.

Tribune News Service (2016) "Facebook's Fake News Problem: What's its responsibility?" *Chicago Tribune*, November 15. https://www.chicagotribune.com/bluesky/technology/ct-facebook-fake-news-20161115-story.html（2019 年 4 月 6 日アクセス）

Trump, Donald (2017) Twitter @realDonaldTrump. 2017, February 17. https://twitter.com/realDonaldTrump/status/832708293516632065（2019 年 4 月 6 日アクセス）

Twitter blog (2017) "New Transparency ads on Twitter," October 24. https://blog.twitter.com/official/en_us/topics/product/2017/New-Transparency-For-Ads-on-Twitter.html（2019年4月6日アクセス）

――――― (2018) "Increasing transparency for political campaigning ads on Twitter," May 24. https://blog.twitter.com/en_us/topics/company/2018/Increasing-Transparency-for-Political-Campaigning-Ads-on-Twitter.html（2019年4月6日アクセス）

Twitter Public Policy @Policy. (2018), April 10. https://twitter.com/Policy/status/983734920383270912（2019年4月6日アクセス）

Wood, Abby K. and Ann M. Ravel (2018) "Fool Me Once: Regulating 'Fake News' and Other Online Advertising," *Southern California Law Review*, 91: 1223-1278.

Zuckerberg, Mark (2018) Facebook post, April 6. https://www.facebook.com/zuck/posts/10104784125525891（2019年4月6日アクセス）

――――― (2019) "Four Ideas to Regulate the Internet," *Facebook newsroom*, March 30. https://newsroom.fb.com/news/2019/03/four-ideas-regulate-internet/（2019年4月6日アクセス）

【邦文文献】

伊吹淳（2017）「ポスト真実Post-truthの時代とマスメディアの揺らぎ～その構造的理解のために、米国大統領選挙2016を事例として～」『放送研究と調査』November、pp.30-60。https://www.nhk.or.jp/bunken/research/domestic/pdf/20171101_9.pdf（2019年4月6日アクセス）

清原聖子（2011）「アメリカのインターネット選挙キャンペーンを支える文脈要因の分析」清原聖子・前嶋和弘編著『インターネットが変える選挙　米韓比較と日本の展望』慶應義塾大学出版会、pp. 1-25。

前嶋和弘（2011）「ソーシャルメディアが変える選挙戦―アメリカの事例」清原聖子・前嶋和弘編著『インターネットが変える選挙　米韓比較と日本の展望』慶應義塾大学出版会、pp.27-49。

湯淺墾道（2010）「アメリカにおけるインターネット選挙運動の規制」『九州国際大学法学論集』17(1)、pp.71-115。

第3章

2017年韓国大統領選挙におけるフェイクニュースの生産・拡散ネットワークと政治的影響力の分析

高　選圭

はじめに

　2017年、韓国の大統領選挙ではフェイクニュースが大きな争点を生み出し、有権者、政党・候補者はフェイクニュースを意識し、選挙運動を行った。2016年にアメリカの大統領選挙でフェイクニュースが全世界的に注目を浴び、選挙の結果にも様々な形で影響を与えたと言われている。2017年に入り、フェイクニュースやSNS政治コミュニケーションが韓国大統領選挙への影響要因として浮上した。韓国の大統領選挙でもアメリカと同じく、フェイクニュースが影響力を発揮すると見る人は多かった。その理由は、韓国選挙が毎回新しいメディアに左右されるし、有権者が保守—革新に分極化している様子がアメリカと似ているからである。

　2000年代に入り、韓国の大統領選挙では、新しいメディアの登場やその影響で選挙結果が左右されている。2002年の大統領選挙では、インターネットが選挙運動の主な手段となり、世界のマスコミはネット大統領の誕生を伝えた。2002年の韓国大統領選挙は、ネットが選挙結果に大きな影響を及ぼした初めての選挙として評価されている。その後も、選挙のたびに新しいメディアが登場する。2007年の大統領選挙はツイッターなどのSNS選挙、2012年の大統領選挙はビッグデータ選挙、2017年の大統領選挙はフェイクニュース選挙だったと言われるほどである。このように選挙のたびに新しいメディアが登場するのは、韓国だけの特徴ではない。アメリカ、日本でも同じであろう。

2017年の大統領選挙は、朴槿恵（パク・クネ）前大統領の弾劾事件が直接の契機となる。彼女の弾劾を巡り、賛成・反対陣営に韓国社会が二分化される結果となった。弾劾への賛成―反対は、有権者個々人だけではなく、政党やメディアも二分することとなる。賛成陣営と反対陣営は別々に集会を開き、お互いの陣営は違う情報のみを保有し、相手陣営を批判した。彼女の弾劾を巡る賛成―反対の分極化は、韓国政治の進歩―保守陣営の対立軸と重なる。賛成陣営は若者―進歩政党―進歩メディア、反対陣営は高齢者―保守政党―保守メディアである。弾劾に賛成する側は、賛成するメディアが伝える記事・情報だけにアクセスし、反対する側も同じく反対する記事・情報のみを見ることとなる。このような政治的分極化とメディアの分極化は、フェイクニュースが流行する環境を生み出す。

　韓国の選挙で新しいメディアが登場する背景には、従来のメディアに対する不信感が存在する。韓国は1987年まで独裁政権・権威主義政権を経験する。この時期について人々は、従来のテレビや新聞は政権側が提供する情報しか伝えていないというイメージを持っている。このような不信感から、若者や進歩陣営は新しいメディアを選好することとなる。そのような理由でネットメディアやSNSは進歩陣営とつながっている。

　政治的分極化やメディアの分極化の中でのメディアの多元化は、フェイクニュースが機能する環境を提供する。2000年代に入り、ケーブルテレビ・IPテレビ（Internet Protocol TV）[1]・総合編成チャンネルなどの登場・普及は、韓国のメディア環境を大きく変化させることとなる。その上でのスマートフォンの普及は、ケーブルテレビ・IPテレビ・総合編成チャンネルへのアクセスはもちろん、政治的な立場を同じくする仲間との情報共有をリアルタイムで可能にした。

　結局、2017年の大統領選挙でフェイクニュースが選挙運動の主な手段となり、選挙の結果にも少なからずの影響を与えたと評価できる。メディアの多元化の中で、韓国社会ではメディアの分極化や政治的分極化がさらに進み、有権者は好きなメディアを選び、気に入る記事や情報のみにアクセスする環境ができ上がっている。このような有権者の選択的アクセス（selective exposure）が

フェイクニュースの背景に存在している。

　本章では、韓国の大統領選挙の過程で、フェイクニュースが誰によって作られ、流通・拡散されていたのか、その手段となるメディアやSNSは何か、実際の選挙結果に与えるフェイクニュースの影響はどれほどのものなのかという問題を分析する。さらに、韓国の政治や選挙がフェイクニュースによって左右される背景と、影響を与えられるメカニズムをメディアの分極化と政治の分極化間の相互関係から分析してみたい。

1. フェイクニュースの定義と範囲

　過去の口コミの形で伝わるうそ情報は特別な形をしていないが、最近のフェイクニュースは、形式的にマスコミの記事の形を取っている。また、記事の内容を見ても専門家のコメントを取ったり、世論調査の結果を引用したりして、信頼性を確保するための工夫をしている。フェイクニュースの伝え方にも様々な形態を取っている。したがって、フェイクニュースの定義や形を特定することは非常に難しい。韓国ではフェイクニュースは、政治的・社会的な現象を批判する風刺の形で報道される場合もある。一番多くの場合は、記事と類似する形を取っている。通常の新聞やテレビニュース記事の形をしているので、操作した記事とはとても思えないほどである。また、フェイクニュースは、その内容があまりに刺激的で昔のイエロー・ジャーナリズム（Yellow Journalism）と似ているので、ニューイエロー・ジャーナリズム（New Yellow Journalism）とも呼ばれている。

　フェイクニュースは広い意味で、ユーザーのクリックを誘導する目的で歪曲され、脱文脈化され、または疑わしい情報（広告）を記事の形で、内容的には事実を反映することなく、記事と異なる見出しを付け、特定の意見や理念に傾いている内容で流通される情報を意味する。狭い意味でフェイクニュースは、トラフィックや経済的な利益を目的に、完全にうそ情報、操作された情報をユーザーに本当らしく見せかける情報である（Guardian, 2017；バクアラン、2017）。

韓国のマスコミでは、狭い意味でのフェイクニュースの定義を使っている。すなわち、意図的にうその情報を掲載した記事、保守か進歩かどちらかだけに傾いた情報、偏見的な見方や情報を既存のマスコミの名前で報道すること、意図的に捏造された未確認情報やニュースという定義である。結果的に、フェイクニュースは、初めから虚偽であることを認識した上で行う架空の報道や、推測を事実のように報道するなど、故意のものについては捏造報道という意味でも使われる。端的に言えば、うその情報をユーザーが事実として信じるようにした情報である。フェイクニュースは、選挙の際には、反対勢力や候補者を誹謗中傷する目的で作られた情報や記事であるが、内容が刺激的で有権者が興味を持てるような内容にするので、事実の情報やニュースよりも世論形成への影響力が大きいときもある。内容的な面では、想像がつかないほど非論理的で現実とかけ離れた話も多いが、大部分はもっともらしいストーリー性を持つことが多いのが特徴である。

　韓国ではフェイクニュースは、政治的優勢や経済的利益を目的として、事実ではない内容や情報を「真実性の高い情報」のように見せるため、記事形式で作った後に、悪意を持って意図的に配布される情報を意味している。または、政治的意図や商業的意図を持ち、伝統的なメディアやSNSを通じて配布されるうその情報（hoax）を意味する。韓国では経済的、商業的意図よりは政治的意図で作られる場合が多いことが一つの特徴である。

　2017年の大統領選挙の直前、韓国中央選挙管理委員会は、前回（2012年）の大統領選挙よりフェイクニュースが5倍以上に増加したと発表した。韓国社会でフェイクニュースが急増する背景は、やはり政治的、理念的対立の激しさとSNS人口の増加である。特に、政治的、理念的な対立の深刻化は、2016年の秋以降、朴槿恵大統領（当時）の弾劾事件が契機となる。彼女の弾劾に対する賛成―反対が与党―野党、進歩―保守間に明確に分かれることとなった。世代的にも若者―高齢者がそれぞれ賛成―反対に分かれていた。

　このような政治的な状況の中で、高齢者と若者の間ではメディアの利用パターンが大きく異なっている。従来の新聞・テレビ・雑誌などのような「オールドメディア」から市民が離れつつあることは言うまでもない。韓国社会で

はインターネットの登場に伴うネットメディアは、「対抗メディア」というイメージを持っている。権威主義時代に、制限された情報しか伝えていなかった「オールドメディア」の姿勢に対する反発があるからである。そのような理由で若者や進歩的な立場を持っている人々は、「対抗メディア」「ニューメディア」としてのネットメディアを利用するのである。

ネットメディアやSNSを利用する世代では、情報や記事の事実や発信元をあまり確認しない傾向がある。ただ、有名人や友達の推薦や「いいね」があるかどうかを気にしている。また、友達や「信頼できる人物」から回ってくる情報や記事ならば、事実かどうかを問うこともなく見たり、読んだりする。スマートフォンの普及が頭打ち状況の中でも、SNSの普及率は年齢層によってあまり変わらない。ただ、年齢層ごとに利用するSNSの種類が違うだけである。結局、SNSの普及や利用率の高さはフェイクニュースが機能する土台となる。その上で、政治的理念を同じくする「信頼できる人物」から回される情報や記事は無条件で信頼し、自分の周りの人々へ伝えるという利用パターンもフェイクニュースの土台となったと思われる。

2. メディア環境の変化と投票政党の分極化

韓国社会では1990年代以降にインターネットが、2000年代後半にはSNSが急速に普及し、モバイル文化が拡散する。韓国の放送通信委員会の統計によると、2015年基準でIPテレビの普及世帯は、1,136万世帯となる。ケーブルテレビは、2017年時点で1万4,215世帯まで増加し、すでに頭打ち状況である。有料放送加入者数は、2015年には2,827万人へ増加していることもわかっている。

韓国人のインターネット利用状況（韓国情報保護振興院（KISA）、2016）（図3-1）を見ると、全世代にわたりSNSが幅広く使われていることが明らかになった。しかし、年齢別にSNS利用パターンは異なる。10～20代は、フェイスブックを利用する割合が非常に大きい。インスタグラムに投稿する比率も高い。20代後半～30代は、ツイッターやフェイスブック、カカオストーリー

(Kakao Story)、インスタグラムなど様々なSNSサービスを利用する。40〜50代はBAND（日本のLINEのようなグループコミュニケーションアプリ）、カカオトーク（Kakao Talk：日本のLINEのような個人向けメッセンジャー）がメインであり、フェイスブックやカカオストーリーを補完的に利用している。

　韓国の年齢別のSNS利用パターンは、若者世代と中高年層以上で異なっている。このような特徴は、世代別の政治的理念の違いとも重なる。40代はやや進歩的である。彼らは若者とは違う政治的傾向を持つが、実際の投票行動においては進歩 — 保守の間で揺れる場合が多い。韓国では政治的世代として「386世代[2]」が存在する。いわゆる「民主化世代」であるが、1987年から1990年代にかけて進歩勢力を支持する世代である。彼らは1960年代に生まれ、1980年代に大学に入った世代であり、民主化当時は30代であった。この世代は2000年代に入ってからは40代となり、現在は40代後半から50代の前半になっている。年齢的に加齢による保守化も言われているが、やや進歩性が強いのが特徴である。

　特に、40代以上は、BANDの利用者が多くなるが、BANDは閉鎖的な特徴を持っている。韓国では同窓会や親睦会など特定のグループ同士が連絡するた

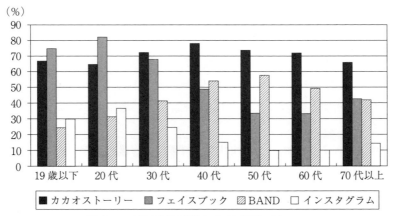

図3-1　韓国の年齢別のSNS利用パターン
（出所：韓国情報保護振興院（KISA）、2016）

めの利用が一般化している（LINEのグループ作成機能に相当する）。BANDは閉鎖的であり、排除的な性格を持っているので、友達同士、政治団体の会員同士の連絡・コミュニケショーンで利用される場合が多い。このような年齢別のSNS利用パターンの違いは、韓国のフェイクニュースの特徴とも関連している。アメリカでは、フェイスブック、ツイッター、インスタグラムなど比較的にオープンなSNSやネットサイトでフェイクニュースの共有が多いが、韓国では、友達や「信頼できる人物」、政党、候補者などから回ってくる情報や記事をBANDやカカオトークで共有する形態が多い。また、韓国ではアメリカのように経済的な利益のために作成されるフェイクニュースではなく、政治的な目的で作成、流通されるものが多い。このような特徴は、年齢別のSNS利用パターンと関連していると思われる。

　BANDやカカオトークの場合、写真やテキスト形式の情報が大きい割合を占めているが、ユーチューブ（YouTube）は映像がメインである。2017年の大統領選挙でフェイクニュースが話題となってユーチューブに対する関心が高まり、その利用者が急増している。韓国社会でユーチューブの利用者は世代別に開きがある。図3-2は、2018年の韓国の年齢別ユーチューブ利用率である。年齢別に見てみると、13〜24歳世代の利用率は86％である。25〜39歳世代は76％、40〜59歳世代は66％、それから60歳以上世代は57％である。一番多く利用する13〜24歳世代は、60歳以上の世代より30％程度高

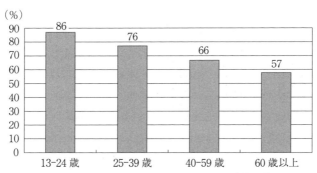

図3-2　韓国の年齢別のユーチューブ利用率
（出所：NIELSEN KOREA, 2018）

い。BANDやカカオトークを主に利用する50代以上世代は、映像情報をユーチューブから入手・利用する10～20代世代より不利な情報環境にいるかもしれない。ユーチューブの利用回数を見ると、10代は1日4.4回、利用時間も51.5分であったが、60代以上は週4回であった（Embrain Korea, 2018）。しかし、2017年の韓国大統領選挙以後、特に、50代のユーチューブ利用が急激に増えている。2018年1年間の利用時間を見ると、10代は86億時間であったが、50代は79億時間となり、50代は2017年より78％も増加している。韓国のユーチューブメディアの利用内容を見てみると、政治・社会・ニュースコンテンツの割合が38％を示している（韓国情報通信政策研究院、2018）。このような結果から、韓国のユーチューブ利用者は、その3分の1くらいが政治やニュースメディアとして利用していることがわかる。特に、2018年以降の50代以上のユーチューブ利用者の増加は、政治・ニュースコンテンツの利用と関連している。

次に、2017年の韓国大統領選挙における年齢別投票政党（図3-3）を見ると、20（19歳を含む）～50代では、民主党候補者への支持が多い。これに対して60～70代以上では、保守政党である韓国党候補者への支持率が非常に高いこ

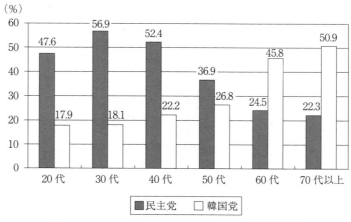

図3-3　2017年韓国大統領選挙の年齢別投票政党
（出所：「2017年大統領選挙の出口調査」KBS（韓国放送公社），2017.5）

とがわかる。年齢によって支持政党や投票政党の分極化が明確となっている。韓国では、年齢によって政治的争点に対する認識が異なる場合が多い。北朝鮮に対する対応や経済的な支援についても、若者と高齢者は明確に分かれる立場を取っている。社会福祉政策・対米政策・所得分配政策などにおいても、若者と高齢者とでは意見が異なる。

3. 韓国におけるフェイクニュースの作成や拡散ネットワーク

　2017年の韓国大統領選挙でフェイクニュースが流通したSNSメディアを見ると、BANDが8,115件（26.2％）、フェイスブックが7,361件（23.7％）、ツイッター6.842件（22.1％）、カカオトーク1,431件（4.6％）である。BAND、フェイスブック、ツイッターが全体の76.6％を占めている（韓国中央選挙管理委員会、2017.4.27）。その中でも閉鎖的SNSであるBANDの割合が一番高いのが目立つ。その次がフェイスブック、ツイッターの順である。やはり保守政党を支持する高齢者が多く利用するBAND、若者の利用率が高いフェイスブック、ツイッターで分かれている。韓国言論振興財団が2017年7月に調査した結果では、2017年の選挙期間中にフェイクニュースを経験した割合は、65％であった。一方、同じく選挙期間中にファクトチェック記事を経験した有権者の割合は53％であった。このような調査結果を見ると、2017年の大統領選挙でフェイクニュースを経験した有権者は、全体の3分の2以上であることがわかる。また、有権者の半分以上はファクトチェックにも関心を持っていたことがわかる。ファクトチェックとは、メディアや関連研究所が政治家の発言の真偽を確認することを意味する。選挙以外の分野でも、情報の真偽を確認する意味で使われている。

　韓国におけるフェイクニュースの利用動機としては、友達や政治的意見を同じくする知り合い同士が結束し、連帯意識を高める手段として作成、利用、配布している場合が多い（韓国言論振興財団、2017）。利用するメディアもBANDのような閉鎖型SNSや、カカオのようなオンラインメッセンジャー、スマートフォンのメッセージを通じた書き込みやチラシといった形態が多い。

このような拡散ネットワークの中で外信記事を引用したり、海外の有名学者の意見を情報元としたりして、実際のマスコミの記事の形態に似せる場合が多い。また、確認されていないうその情報、誹謗中傷、様々なスキャンダルをポータルサイトのニュース記事の形式を借りて配布する傾向も強い。

たとえば、2017年3月、ソウルの江南区長は、SNS討論グループ「ソウル希望フォーラム」への書き込みで、文在寅（ムン・ジェイン）候補者（当時）のセウォル号事故の責任、候補者個人に対する誹謗中傷やうその情報を170回も繰り返し掲示し、警察に告発される。江南区長は、「文在寅候補者が当選すると、韓国社会は北朝鮮の共産主義政権に飲み込まれる」、また、「セウォル号事故の責任が文在寅候補者にある」と主張する動画を添付してポスティングした（図3-4）。

図3-4　文在寅候補者を誹謗中傷する江南区長のカカオトーク画面
「この映像は、文在寅候補者に勝てる証拠ですので、みんなと共有してください」。
（出所：「セウォル号事故の責任は文在寅にある」JTBC[3]、2017.3.29）

中央日報は、2017年の大統領選挙でフェイクニュースは、3万件以上であったと報道している（中央日報、2017.4.27）。フェイクニュースの作成・拡散の流れは、韓国で最も保守的なネットサイトである「今日のユーモア（www.todayhumor.co.kr/）」や「日刊ベスト（http://www.ilbae.com/）」の記事やその記事に対する書き込みの内容をBAND・フェイスブック・カカオトーク・ツイッターなどのSNSメディアへ配布しさえすれば自動的に流通するという仕組みである。この2つのサイトは1日のアクセスが何百万件にも上る。

2017年の大統領選挙の際、フェイクニュースを見抜くための「ファクトチェック」が行われた。ソウル大学のファクトチェック研究所は、選挙運動期間に主な政治的争点となった177の記事や情報・主張に対するファクトチェックを行った。

その分析結果によると、177のファクトチェック対象の中で163（92％）が

第3章　2017年韓国大統領選挙におけるフェイクニュースの生産・拡散ネットワークと政治的影響力の分析　77

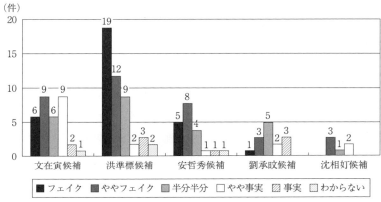

図 3-5　2017 年韓国大統領選挙で候補者別ファクトチェックの結果
（出所：ソウル大学ファクトチェック研究所、2017）

主要政党の候補者が発信したものであった。しかも、163 のファクトチェック対象の中で、120（67.8％）が公式の選挙運動の一環として行われるテレビ討論会や選挙演説の際に候補者が直接に発言した内容であることがわかった。特に、保守陣営の韓国党の洪準標（ホン・ジュンピョ）候補の場合、47 のファクトチェック対象があり、そのうちの 42 がうその情報であったり根拠のない不適切な主張であったりしたことがわかった（図 3-5）。結局、韓国では、フェイクニュースの発信元は、候補者本人の場合が多いのがわかる。実際に、洪準標候補の場合は、候補者陣営の秘書や担当者 5 人が公職選挙法違反で逮捕された。

　韓国ではフェイクニュースを一番多く量産した発信元は保守陣営であったが、その中でも韓国の国旗を持ってデモ行進する「太極旗集会」が代表的な発信元である。「太極旗集会」に参加する人々やその支持者を対象に発信される記事や情報は、弾劾をきっかけにできたニューメディアからであった。主にソウルに住所を置く新しいメディアである。政治的な性格はほとんどが保守陣営に分類される。朴槿恵前大統領の弾劾事件以後、弾劾への反対世論の形成、「ロウソクデモ」への反対・批判といった情報を支持者へ配布・流通する目的で新設されたメディアである。このような新しいメディアは、彼女の弾劾

は事実関係のない陰謀であり、北朝鮮と連携して、共産主義イデオロギーを拡張するための試みであると主張する。新しいメディアの役割は、このような内容の情報を「太極旗集会」に参加する支持者あてに発信することである（SBS News, 2017.4.1）。

「太極旗集会」は、彼女の弾劾を促すロウソクデモに対立する形で組織ができ上がったが、その参加者や支持者には高齢者が多かった。弾劾裁判が行われる期間中、毎週土曜日には、ソウルの中心地で「太極旗集会」とロウソクデモが1kmの距離をおいて行われた。弾劾裁判以後、保守陣営の新しいメディアが数多く設立されたのは、弾劾が彼女と保守陣営に不利に展開されたことも理由である。彼女の弾劾に賛成するロウソクデモの参加者は、全国から200万人以上が参加するときもあり、「太極旗集会」陣営や保守陣営からすれば、多くの支持者や「太極旗集会」参加者を動員する目的で新しいメディアを作り、フェイクニュースを作成・流通させたと考えられる。

弾劾事件以後、新しいメディアが多く新設され、このメディアがフェイクニュースの発信元となったが、この新しいメディアの目的はアメリカとは違い、経済的利益ではなく政治的な主張が目的であった。つまり、メディアの広告収入や記事購入ではなく、「太極旗集会」参加者への情報提供や支持者の団結、反対論理の開発が目的だったのである。保守陣営の新しいメディア新設にかかる費用や運営資金は、大企業・国家機関の補助金・個人の寄付から調達していたことが朴槿恵前大統領の裁判過程で明らかになった。

韓国の大統領選挙におけるフェイクニュースの配信は、2016年秋以降、朴大統領（当時）の弾劾裁判という政治的な対立状況の中で新しいメディアが多く新設されたこともあって、大統領選挙後も続いている傾向がある。また、彼女の弾劾以降、韓国社会の政治的対立は、与党 ― 野党、進歩 ― 保守、若者 ― 高齢者、弾劾賛成 ― 反対、「ロウソクデモ」― 「太極旗集会」という様々な対立軸による複合的・多層的構造を持って展開した。

このような政治的状況の中で、両陣営が支持者・参加者を動員する目的でフェイクニュースを作成、流通したと思われる。有権者は多様なメディアの中で自分が信頼でき、自分の政治的志向と近いメディアを選択して情報を取り入

れている。また、友達・団体・政党・候補者から送られてくる情報に偏る傾向がある。その結果、その有権者の政治的志向はより強くなり、政治に参加する同じ陣営の支持者とも連帯感が強くなる方向へ変わっていく。

　2017年の大統領選挙の際、有権者はフェイクニュースを「どのようなメディアから受け取っているのか」という調査結果（図3-6）を見ると、インターネット・SNSの割合が72.6％である。この数値はテレビの71.1％を上回っている。従来からテレビの影響力は変わらないが、フェイクニュースの流通では、インターネット・SNSが活発に利用されていることがわかる。その次がモバイルメッセンジャー18.5％、ニュース専門テレビチャンネル18.5％である。新聞の場合、ネット新聞（14.2％）の方が、紙新聞（8.6％）を上回っている。フェイクニュースの流通はインターネット・SNSが主流であるが、テレビの場合も高い割合を占めている。このような状況は、特にテレビ討論会やニュース番組でのフェイクニュースの流通に関係している。前述したように韓国のフェイクニュースの発信元は、候補者本人である場合が多い。候補者本人や関係者がテレビ討論会や選挙演説でうその情報や根拠のない誹謗中傷を繰り返し、その内容をそのままテレビで流すことが影響した結果だろう。

　一方では、インターネット・SNSメディアでフェイクニュースを受け取る

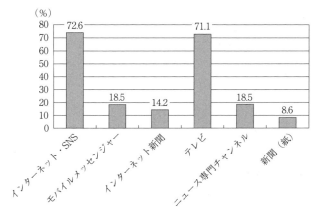

図3-6　フェイクニュースを受け取るメディア
（出所：韓国政治学会世論調査データ、2017）

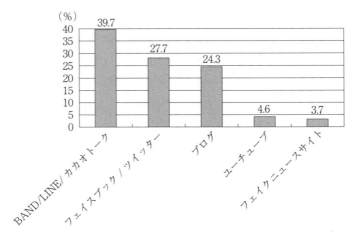

図3-7　インターネット・SNSでフェイクニュースを受け取る
　　　　メディア
（出所：韓国言論振興財団オンライン調査（2017年3月17～19
日、N=350）、2017）

　有権者は、カカオトーク、LINEのようなモバイルメッセンジャーが39.7％で最も多い。その次が、フェイスブックあるいはツイッターのようなSNSで27.7％、ネットコミュニティやブログは24.3％である。ユーチューブは4.6％、フェイクニュースのサイトは3.7％にすぎない（図3-7）。韓国でフェイクニュースが閉鎖的なモバイルメッセンジャーで受信される割合が最も高いのは、カカオトーク・BANDの普及とそれらの高齢者利用率とに関係している。ユーチューブを利用するフェイクニュースの流通が少ないのは、高齢者の利用が少ないからである。動画の場合も、ユーチューブではなく、前述のソウル市江南区長によるフェイクニュースの流通で見たように、カカオトーク、LINEのようなモバイルメッセンジャーに添付する形で利用するからである。
　フェイクニュースを受け取る有権者には、インターネット・SNSメディアでそのニュースがフェイクニュースなのかどうかをあまりチェックしていない傾向が見られるという特徴がある。それでも、有権者は自分の受け取った情報がフェイクニュースの可能性がある場合、「どのメディアを利用してファクトチェックをしているのか」と尋ねると、テレビが最も多くて51.1％である。

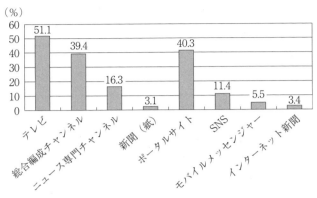

図 3-8　韓国有権者のファクトチェックメディア利用状況
（出所：韓国政治学会世論調査データ、2017）

総合編成チャンネルが39.4％、ニュース専門チャンネルは16.3％、紙新聞は3.1％であった。これに対してポータルサイト40.3％、SNSは11.4％、モバイルメッセンジャー5.5％、ネット新聞は3.4％であった。このような結果を見ると、インターネット・SNSメディアはファクトチェックの手段としてあまり利用されていないことがわかる（図3-8）。

このような現象は、心理学でいう「確証バイアス（confirmation bias）」とも関連する。確証バイアスとは、認知心理学や社会心理学における用語で、仮説や信念を検証する際にそれを支持する情報ばかりを集め、反証する情報を無視または集めようとしない傾向のことを言う。つまり、「ロウソクデモ」―「太極旗集会」という対立する状況で弾劾に「賛成する ― 反対する」、どちらかに偏った情報のみを選択・消費することによって、確証バイアス現象が起こるのである。韓国社会は、メディアの多元化やSNSの普及によって新しいメディア・情報へアクセスするチャンネルが増加している。その影響で従来のマスコミの記事に接する機会は大幅に減少する。多くのメディアが発信する記事・情報から自分が求める情報を探すことは非常に難しい。結局、有権者は自分の政治的志向を再確認する情報を求めるし、そのメディアへアクセスする。このような心理的欲求や情報の消費パターンとフェイクニュースは関連している。

4. 2017年の大統領選挙でのフェイクニュース事例

2017年の大統領選挙でフェイクニュースと判明された事例をいくつか見てみよう。

まず、選挙管理と関連して浮上したフェイクニュースである。2017年4月の初め、韓国中央選挙管理委員会が開票に使う投票用紙分類機と開票運営プログラムを、当時、国民党の安哲秀（アン・チョルス）候補が社長である「アンラボ（AhnLab, Inc.）」という会社のものを使用しているというフェイクニュースが浮上した。

これに対して韓国中央選挙管理委員会は次のような声明を発表する。

> 選挙管理委員会は、投票用紙分類機は、安哲秀候補が最大株主である「アンラボ」という会社とはまったく関係がないことを確認した。さらに以前の選挙でも「ア

図3-9　開票場で投票用紙分類機を使って開票する様子
（出所：Daum News, 2017.4.16）

ンラボ」という会社のものは使ってないし、そもそも「アンラボ」は、投票用紙分類機やその運営プログラムを製作してないことを確認した。

(連合ニュース、2017.4.16)

　韓国の大統領選挙では、選挙を管理する機関である選挙管理委員会の中立性や公正管理を疑う裁判が起こされる場合もある。選挙の結果、敗北した市民団体や野党支持者は裁判を起こし、敗北の理由を選挙管理委員会の中立性のない選挙管理のせいにしようとするのである。このような風潮からもフェイクニュースが作られている。

　次は、有力候補者から発信されたフェイクニュース事例である。保守陣営の韓国党の洪準標候補は、民主党の文在寅候補が関わった盧武鉉政府は韓国の財閥から800億ウォンを受け取っていると疑惑を提示した。これは、盧武鉉政府の大統領秘書室長のポストに就いた文在寅民主党候補にも責任があるし、道徳性の面で問題があると主張する。また、「日米安全保障条約は戦争となるとアメリカが自動的に介入するが、米韓防衛条約はそれとは異なって、アメリカは自動的に介入しない」と主張した。このニュース記事もフェイクニュースと判明した（Media Today, 2017.5.17）。さらに洪準標候補は、「世論調査で国民党の安哲秀候補より支持度が高くて、全体順位で2位である」というフェイクニュースをネット新聞やSNSに配布した。このフェイクニュースの作成・配布問題で韓国党の洪準標候補陣営の地方議員4人が検察の捜査対象となった。

　2017年の大統領選挙では韓国の民間放送がフェイクニュースの発信元になった事例があり、政治的な争点となった。2017年5月の選挙運動期間中にSBS放送の8時のニュース番組で「セウォル号引き揚げの疑惑」というニュースを放送した。セウォル号の引き揚げが遅くなることには文在寅候補と関連があるという内容を、海洋水産省の関係者の言葉を引用して報道した。このニュース記事の政治的影響が大きくなり、政治争点化する。民主党の文在寅候補陣営はSBSに対して法的対応をし、SBS放送局へ抗議訪問団を送るなど強く反発した。結局、SBS放送はニュース作成の過程を検証し、事実ではないと発表した。2017年5月3日、SBS放送は記事を削除し、報道本部長は公式

図 3-10　SBS 放送のニュース番組フェイクニュース（左）とテレビ討論会での
　　　　フェイクニュース関連の攻防（右）
左写真の字幕：「次期政権と取引？　船の引き揚げ先送り疑惑調査」
右写真：韓国党の洪準標候補が文在寅候補にセウォル号事故と関連して、「文候補の説明は、18％は事実ですが、54％はうそですよ」と批判する場面。
　　　　　　　　　　（出所：SBS News, 2017.5.3）

に謝罪をしたが、政治的反発は収まらなかった（京郷新聞、2017.5.4）。

　大統領選挙の候補者の中では、文在寅候補に関連するフェイクニュースが多くあった。たとえば、文在寅候補の父親は 1950 年の朝鮮戦争当時、「北から南へ避難した人ではなく、北朝鮮人民軍の上座（大領）出身である」といううそのSNS記事が報道されていた。また、文在寅候補は、「セウォル号船主の諮問弁護士」というフェイクニュースもあった。文在寅候補の財産関係でも「日本の植民地時代に日本からもらった金塊 200 t を持っており、隠し資金が 20 兆ウォンもある」というフェイクニュースもあった。国民党の安哲秀候補に関連しては、「国民党の安哲秀候補は日本の植民地時代に日本政府へ協力した家の子孫」というフェイクニュースや、彼の「祖父は植民地時代に金融組合の職員であり、朝鮮米倉という会社に勤務、退職した」というフェイクニュースが浮上し、政治的争点となった。特に、韓国の大統領選挙では、候補者の出自に関して植民地時代の日本と関係するフェイクニュースがいつも浮上する。その理由は、植民地時代における日本との関わりや経歴はいつも政治的批判の対象となるからである。その一方で、候補者の道徳性を批判する目的で日本との関係を引き合いに出す場合も多い。

5. フェイクニュースの流通ネットワークと影響

　韓国のフェイクニュースに対する有権者の認識（韓国言論振興財団、2017）を見てみると、まず、「フェイクニュースの問題点が深刻である」と考えている有権者は83.7％である。また、「フェイクニュースの影響で韓国社会の分裂状況が悪化している」と認識する割合は83.6％で非常に高い。これに対してフェイクニュース現象は、選挙の時期に一時的に見られる現象であると捉えているのは53.8％にすぎない。フェイクニュースと関連して、ファクトチェックの記事を検索して確認する有権者は、53％程度である。有権者の半分は自らフェイクニュースを恣意的に判断していることがわかる。

　2017年の韓国大統領選挙でフェイクニュースは、同じ世代や政治的理念・支持政党を同じくする人々が自分たちの結束力や政治的動員を高める目的で利活用したことがわかった。さらに、2016年秋、朴槿恵大統領（当時）の弾劾裁判以降、保守的な性格の新しいメディアが多く登場し、そのメディアからの発信も多い。このような状況からフェイクニュースは、従来の支持や政治的立場を強化する機能を果たしたと推測される。今後は、データ分析をもとにした影響分析が課題であろう。今回の選挙では、保守陣営からフェイクニュースの発信が多かった。その理由は、政治情勢とも関連するが、従来のネガティブキャンペーンの性格とも考えられる。フェイクニュースは選挙過程で支持者を動員する有効な手段となっていることは事実であろう。

　ここからは、支持者の動員に対する効果を投票率の側面から見てみよう。

　2016年秋以降、朴大統領（当時）の弾劾事件を巡る政治過程は、彼女の弾劾に対する賛成 ─ 反対が与党 ─ 野党、進歩 ─ 保守間に明確に分かれていた。また世代的にも若者 ─ 高齢者が賛成 ─ 反対に分かれていたことを繰り返し説明してきた。彼女の弾劾を巡る政治的な対立軸が、「賛成 ─ 与党 ─ 進歩 ─ 若者」対「反対 ─ 野党 ─ 保守 ─ 高齢者」であることからすれば、各政党や政治陣営の動員対象は若者と高齢者であろう。

　まず、図3-11は、2000年以降、韓国で行われた選挙の投票率を示したグラ

フである。大統領選挙・国会議員総選挙・統一地方選挙の投票率を見ると、大統領選挙の投票率が一番高い。国会議員総選挙と統一地方選挙の投票率はほとんど変わらず、どちらも60％以下を記録している。大統領選挙でも2007年の選挙までは低い傾向にあったが、2012年と2017年は増加傾向が表れている。2012年の大統領選挙では、朴槿恵候補者と文在寅候補者間の一騎打ちであった。2人の有力候補者間の競争で勝敗の予想が難しいと言われていた。選挙結果は、朴槿恵候補者が51.6％、文在寅候補者が48.0％を獲得し、僅差で朴槿恵候補者が勝利した。このように伯仲した選挙情勢が高い投票率につながったと思われる。

　これに対して、2017年大統領選挙では与党の朴槿恵前大統領が、韓国政治史の中で初めて現職の大統領として弾劾される事態となる中で行われた選挙であった。世論調査でも文在寅候補者の支持率が有利な状況であり、ある意味では選挙の勝敗は決まっていたような選挙であった。選挙結果が予想される選挙では投票率は低くなるのが普通であるが、2017年はこれとは逆に高くなったのである。その理由を筆者は、フェイクニュースによって有権者が動員されたためであると考えている。

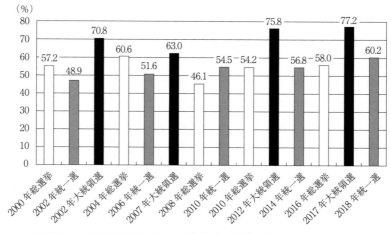

図3-11　韓国の選挙における投票率の変化（2000～2018年）
（出所：韓国中央選挙管理委員会のHPから作成）

2017年の大統領選挙で、朴前大統領の弾劾を巡る政治的対立軸は、「賛成 ― 与党 ― 進歩 ― 若者」対「反対 ― 野党 ― 保守 ― 高齢者」であった。ここでは、若者と高齢者の投票率変化に注目してみたい。図3-12は、2012年と2017年の韓国大統領選挙における年齢別の投票率を示している。グラフを見ると、2012年と比較して2017年の投票率は、19歳から30代後半までの年齢層で増加している。19歳では2012年より3.7％、20代前半では6.0％投票率が増えている。20代後半では9.2％の増加で、一番多く投票率が増えた年齢層である。30代前半では6.6％、30代後半では1.8％増えている。また、60代、70代以上でも2012年と比較して投票率が増えていることがわかる。60代では3.2％、70代以上では1.0％増えている。

2017年の大統領選挙で投票率が増えたのは、若者と高齢者の投票への参加が増えたことが原因である。2017年の大統領選挙で投票率の絶対値は高齢者の方が高いが、増加の幅は若者の方が大きい。結局、朴前大統領の弾劾を巡る政治的対立は大統領選挙過程でも繰り広げられ、その結果、投票率が増加することになったと推測できる。特に、「太極旗集会」参加者は、彼女の弾劾が不当であることを韓国党候補者の高い支持で示したいと思っていたようである（ジャン・ウヨン、2018）。このような意味では、彼女の弾劾が不当だと訴え

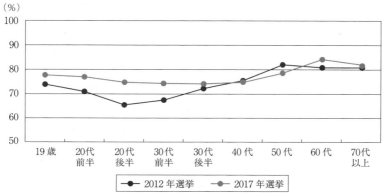

図3-12　2012年と2017年の韓国大統領選挙における年齢別の投票率
　　　　（出所：韓国中央選挙管理委員会投票率データから作成）

たり韓国党の高い支持率を動員したりする手段がフェイクニュースであったと思われる。

次に、有権者が得ている選挙情報量や候補者との心理的距離感から投票率を考えてみたい（表3-1）。どの選挙でも有権者は、選挙に対する関心が高く、選挙に対する情報をたくさん持っていれば、選挙に参加する可能性は増える。また、有権者が感じる候補者との心理的距離感が近いほど投票する可能性は高くなる。2016年秋以降、朴槿恵大統領（当時）の弾劾を巡る政治的対立が続く中で毎週、「ロウソクデモ」と「太極旗集会」が行われた。また、「賛成 ― 与党 ― 進歩 ― 若者」対「反対 ― 野党 ― 保守 ― 高齢者」間の政治的対立が激しくなり、集会への参加で直接得る政治情勢や選挙情報、マスコミから伝えられる情報、さらにそれらにフェイクニュースという情報も加わる形で有権者が持っている選挙情報が多くなり、これにより選挙に対する関心も高くなったと思われる。

特に、「ロウソクデモ」参加者は彼女の弾劾の正当性を、「太極旗集会」参加者は彼女の弾劾の不当性をそれぞれ示し、政権を勝ち取るためには大統領選挙での自分たちの勝利は不可欠であると考えただろう。両陣営のこのような政治的思惑は、各陣営の候補者との心理的距離感にも影響を与えたと思われる。結局、2017年の大統領選挙で政治動員の媒体はフェイクニュースであり、特に

表3-1　2017年の大統領選挙における有権者の状況による投票行動

		棄権	期日前投票	選挙日投票	合計投票率	
候補者との距離感	遠い	25.7	53.6	20.7	74.3	24.88***
	近い	14.2	59.7	26.1	85.8	
選挙関心度	低い	55.2	7.1	37.7	44.8	248.39***
	高い	10.6	27.7	61.7	89.4	
選挙情報	少ない	39.4	11.7	48.9	60.6	174.46***
	中間程度	10.5	25.2	64.3	89.5	
	多い	4.0	40.8	55.2	96.0	

*** < 0.001
（出所：ジャン・ウヨン、2018）

「太極旗集会」参加者、すなわち朴前大統領の支持者にとっては、そのような政治的性格がより強かったと思われる。

おわりに

　2017年の韓国大統領選挙でフェイクニュースは選挙の大きな争点を生み、各候補者が行う選挙キャンペーンの主な手段でもあった。有権者側もフェイクニュースを経験した割合が3分の2を超えている。多くの有権者がフェイクニュースを経験する背景には、2017年の大統領選挙のきっかけになった朴前大統領の弾劾とそれを巡る政治的対立があったことが明らかになった。彼女の弾劾に賛成する陣営は、国会で多数を占める「民主党 ― 進歩勢力 ― 若者」であり、反対する陣営は国会で野党の「韓国党 ― 保守勢力 ― 高齢者」で、その両者が対立した。

　両政治陣営が激しく対立する中で、各陣営はテレビ、インターネット・SNSなどの様々なメディアを活用して政治情報・選挙情報を生産、共有、拡散した。韓国の政治史上、初めての現職大統領の弾劾事件は、韓国の進歩 ― 保守陣営に権力闘争の場を提供するとともに、それぞれの政治勢力の存在基盤に関わる問題でもあった。まず、朴大統領（当時）の支持勢力は、大統領弾劾の不当性を主張し、保守勢力が政治権力を維持していく正当性を示す必要があった。これに対して進歩勢力は、2007年李明博（イ・ミョンバク）政権から朴槿恵政権までの10年間にわたる保守政権の失政の結果が彼女の弾劾をもたらしたと認識し、彼女の弾劾事件をきっかけに政権を取り戻すチャンスとして見ていた。

　このような意味で2017年の大統領選挙は、韓国の進歩 ― 保守勢力が政権をかけて対立する場であった。朴前大統領の弾劾事件以降、政治の分極化はフェイクニュースが作動する土台を提供したと思われる。特に、彼女を支持する保守陣営としては、現職にあった彼女が憲法を違反して弾劾されるという不利な政治的状況の中で、保守陣営の支持者を動員する必要があった。そして結局、そのための手段がフェイクニュースでもあった。保守陣営の動員に対抗す

る形で「進歩陣営 ─ 若者」も同じく動員を図ったと思われる。

　2017年の大統領選挙で高齢者 ─ 若者の政治的対立は、両方とも投票率を押し上げていることがわかる。韓国政治の分極化とその対立の深刻化は、フェイクニュースが経済的な誘因ではなく、政治的な目的で作成、共有、流通されるという特性にも表れている。

　韓国政治の分極化とともにメディアの分極化が進み、高齢者と若者では、利用するSNSが異なることになる。フェイスブック、ツイッター、インスタグラム等のオープンなSNSを利用する若者層、カカオトーク、LINE、BAND等の閉鎖的メッセンジャーを利用する高齢者層は、それぞれ異なる形でフェイクニュースを共有、拡散したことが明らかになった。このSNSの利用の違いは、韓国の大統領選挙ではフェイクニュースの発信元が候補者本人か、その陣営の関係者が大半を占めることにつながる。

　特に、保守陣営の場合、朴槿恵前大統領の弾劾事件以降、新しく作られたインターネットメディア・SNS空間で活動する団体やサイトからの発信が多いのが特徴である。韓国の大統領選挙ではフェイクニュースが政治的な目的で作られ、候補者本人か、その候補者を支持する政治勢力が作ったネット組織が発信元であることは、アメリカのフェイクニュースとは異なる特徴である。

　インターネット・SNSメディアが日常化することによって市民は、多様なメディアが報道する情報をもとに、さらにリアルタイムで政治情報を判断し、参加することが可能な時代となった。従来は、有権者が選挙に参加するためには情報を取り入れる時間・コスト・リテラシーが問題となっていたが、現在は、そういう側面からはある程度自由になった。しかし、誰もが情報を発信することが可能な社会となり、ユーザーがそれぞれネットワーク化され、つながることで新たな問題も生じている。

　アメリカのニューヨークタイムズ紙（New York Times, 2019 .1 .25）によると、フェイスブックは、メッセンジャー（Messenger）、インスタグラム、ホワッツアップ（WhatsApp）の統合を予定していると報道している。世界中の人々がどれほどつながっているのかは、15億人のユーザーがいるホワッツアップ、また中国のテンセント（Tencent）が運営し10億人以上のユーザーがいる

ウイーチャット（WeChat）を見ればわかる。世界中の何十億もの人がつながっていることをフェイクニュースと関連して考えれば、これは非常に危険性を伴う問題でもある。

このような危険性に対応するため、各企業やメディアは様々な工夫を考えている。たとえば、アメリカのマイクロソフトは、ブラウザー「エッジ（Edge）」のモバイル版アプリに、偽情報に対抗するための新機能「ニュースガード（NewsGuard）」を搭載した。この新機能の搭載は、マイクロソフトが進めている「ディフェンディング・デモクラシー・プログラム（Defending Democracy Program）」の一環である。まさに我々の民主主義がプログラミングによって守られる時代となった。しかし、メディアの進歩や技術の発展はプログラミングによって守れるほど簡単ではない。そういう意味でフェイクニュースの対応策として規制に走ることには賛成できない。

選挙の本質から見ても同じである。選挙は、その選挙が行われる社会の構成員全部が、それぞれが持っている政治的、社会的、経済的、文化的、価値的な資源を総動員して権力を争う権力闘争である。政治的競争過程に規制が入ると、それによって有利・不利が発生する。そういう意味でも安易な規制には賛成できない。

日本でも多くの人々がインターネット・SNSでつながっている。今後、世界中の人々がネットワーク化していくことは止められない。このようなことを考えれば、今後フェイクニュースの危険性はさらに増えるだろう。しかし、民主主義はいくつかの基本的な原理の上で機能している。それが民主主義の基本的なルールである。民主主義政治社会の主権者である市民は、民主主義が機能するために、自分がどのような役割と責任を果たすべきかを明確に認識する必要がある。

選挙や権力闘争で勝つためにフェイクニュースのようなうそのの情報、誹謗中傷の情報、偽造・捏造された情報を生産、拡散するのではなく、民主主義の中で自分の役割と責任を認識し、そのルールに基づいて競争していく必要がある。有権者が民主主義の基本的なルールを学習し、メディアを使いこなすリテラシーを高めることで市民力をアップしていくことが何より大事であろう。

フェイクニュースに翻弄される市民ではなく、市民自らがファクトチェックできる市民力・市民学習が大事であろう。最近、我々が直面したフェイクニュースの問題は、今後、変化していく社会の中でいかなる民主主義を、いかなる方法で築いていくのかという課題でもある。この課題を解決するためには、法律の整備・技術的対応策も必要であるが、何より大事なことは主権者の市民力・市民学習であろう。

注
1) ブロードバンド回線を使って、テレビ番組を見ることができるサービス。
2) 韓国では政治的世代として「386世代」が存在する。いわゆる「民主化世代」であるが、1987年から1990年代へかけて30代であり、80年代に大学に入った60年代生まれの人々を指す。30代の「3」、80年代の「8」、60年代生まれの「6」を取って「386世代」と呼ぶ。彼らは進歩勢力を支持する世代でもある。
3) 中央東洋放送。韓国のテレビ放送局。

参考文献
【外国語文献】
Allcott, Hunt and Matthew Gentzkow (2017) "Social Media and Fake News in the 2016 Election," *Journal of Economic Perspectives,* 31(2), Spring: 211-236.

Daum news (2017)「선관위, 안랩 투표용지분류기 이용은 가짜뉴스 (選管、アンラボ投票用紙分類機利用は、フェイクニュース)」Daum news, April 16.

Del Vicarioa, Michela, et al. (2016) "The spreading of misinformation online," *Proceedings of the National Academy of Science*, 113: 554-559

Economic Research Institute (2017) "Economic Cost Estimation and Implications of Fake News," *Korea Economic commentary,* March 17: 17-11.

Embrain Korea (2018)「유튜브 이용실태조사 (ユーチューブ利用実態調査)」

Gottfried, Jeffrey and Elisa Shearer (2016) News Use across Social Media Platforms 2016, Pew Research Center, May 26.

Huang Young-suk and Kwon Sung Sung (2017) A Study on the Conceptualization and Regulation of Fake News: 55-56.

Harvard (2017) Partisanship, Propaganda and Disinformation: Online Media and the 2016 U.S. Presidential Election.

JTBC (2017) joins.com/article/article.aspx?news_id=NB11445300, 2017.3.29.（2018年6月29日アクセス）

Jung Il-kwon and Ji Sung woo (2017). "Fake News, Media and Public Responsibility: How to Develop the Right News," *Fake News and Public Debt Seminar Announcement from the Media*, April 20.

KBS (2017)「2017년대통령선거 출구조사（2017年大統領選挙の出口調査）」2017.5.

Kim Yoo-hyang (2016) Controversy and Significance of Fake News on U.S. Elections Time Issue and Issues National Assembly Legislative Research Institute, 1242.

Kim Ji-hyun (2017) "Political circles and journalists worrying about 'counterfeit news' countermeasures", *Newspapers and broadcasting*, 2 (554): 100-103.

Korea Internet Security Agency (2016) Internet Statistics Report 2016, Korea Internet Promotion Agency.

Korean Civic Education Institute for Democracy (2017) Fake election news situation and countermeasures of each country.

Korea Press Foundation (2017) "Recognition of False News by the Public," Media Issue 3, March 29.

Morozov, E. (2017) Moral panic over fake news hides the real enemy – the digital giants, the guardian, January 8.

・https://www.theguardian.com/commentisfree/2017/jan/08/blaming-fake-news-not-the-answer-democracy-crisis（2018年6月29日アクセス）

・https://www.buzzfeednews.com/article/craigsilverman/viral-fake-election-newsoutperformed-real-news-on-facebook（2018年6月29日アクセス）

・http://www.npr.org/sections/alltechconsidered/2016/11/23/503146770/npr-finds-the-headof-a-covert-fake-news-operation-in-the-suburbs（2018年6月29日アクセス）

・http://www.mediatoday.co.kr/?mod=news&act=articleView&idxno=13675（2018年6月29日アクセス）

・https://www.nytimes.com/2019/01/25/technology/facebook-instagram-whatsappmessenger.html（2018年6月29日）

NIELSEN KOREA (2018)「세대별 유튜브 이용현황조사（世代別ユーチューブ利用状況調査）」

SBS News (2017)「태극기집회 참가자의 정보는 어디에서（太極旗集会参加者の情報はどこから）」2017.4.1.

SBS News (2017)「차기정권과 거래？ 배 인양지연의혹조사（次期政権と取り引き？ 船の引き揚げ先送り疑惑調査）」2017.5.3.

Silverman, Craig (2016) This Analysis Shows How Viral Fake Election News Stories Outperformed Real News on Facebook, Buzzfeed, November 16.

Subramanian, Samanth (2017) Inside the Macedonian Fake-News Complex, Wired, February 15.

Sydell, Laura (2016) "We Tracked Down a Fake-News Creator in the Suburbs. Here's What We Learned," National Public Radio, November 23.
琴恵星（2012)「SNS와 Mobile 선거운동의 영향력평가（SNSとMobile選挙運動の影響力評価)」『한국정치학회 발표논문(韓国政治学会発表論文).
韓国言論振興財団（2017)「가짜뉴스 이용실태조사（フェイクニュース利用の実態調査)」
韓国情報通信政策研究院（2018)「SNS이용현황조사（SNS利用形態調査)」
韓国情報保護振興院（KISA)（2016)「인터넷・SNS이용실태조사（インターネット・SNS利用実態調査)」
韓国政治学会（2017)「2017년대통령선거 유권자의식조사（2017年大統領選挙有権者意識調査)」
韓国中央選挙管理委員会（2017)「2017년대통령선거 유권자 투표율조사（2017年大統領選挙有権者の投票率調査)」
京郷新聞（2017)「SBS세월호 인양지연의혹（SBSのセウォル号引き揚げ遅延疑惑)」『경향신문（京郷新聞)』2017.5.4.
現代経済研究院（2017)「가짜뉴스의 경제적 비용추계와 시사점（フェイクニュースの経済的費用推定とその示唆点)」
ジャン・ウヨン（2018)「정치참가와 사회통합：태극기집회참가자 인터뷰조사（政治参加と社会統合：太極旗集会参加者へのインタビュー調査)」『선거연구（選挙研究)』9, pp.154-174.
ソウル大学ファクトチェック研究所（2017)『2017년대통령선거에서 가짜뉴스의 팩트체크 결과보고서（2017年大統領選挙におけるフェイクニュースのファクトチェック結果報告書)』ソウル大学.
中央日報（2017)「2017년대통령선거에서 가짜뉴스 증가경향（2017年大統領選挙におけるフェイクニュース増加傾向)」『중앙 일보（中央日報)』2017.4.27.
パクアラン（2017)「일반인의 가짜뉴스에 대한 의식조사（一般国民のフェイクニュースに関する認識調査)」*Media Issue* 3 (3), pp.11-17.
連合ニュース（2017)「안랩 투표용지분류기 이용은 가짜뉴스（アンラボ投票用紙分類機利用は、フェイクニュース)」『연합 뉴스（連合ニュース)』2017.4.16.

【邦語文献】
高選圭（2009)「韓国の大統領選挙とオンライン候補者ファンクラブの選挙運動」日本選挙学会『日本選挙学会年報』25(2)、pp.44-54。
高選圭（2013)「韓国のネット選挙の状況と誹謗中傷の取り締まり基準」日本ネットワーク法学会発表論文。

第4章

韓国におけるフェイクニュースの規制の動き

李　洪千

はじめに

　本章の目的は、韓国におけるフェイクニュースに対する法的な規制の動きが活発になっていることを紹介し、法的な規制が抱えている争点について考察することである。

　フェイクニュースは規制できるか。そのような試みが韓国では2017年から具体化されている。2017年以降、フェイクニュースを規制するための法案・改正案が次々に提出されており、その中でフェイクニュースの定義やポータルサイトなどのプラットフォーム事業者に対して責任を負わせるなどの規制を巡る議論が起きている。

　また、韓国政府は早期の法的措置を構える方針を明らかにし、「フェイクニュースとの戦争」を宣言した。李洛淵（イ・ナギョン）国務総理は、「フェイクニュースは国論を分裂させ、民主主義を擾乱させる」と述べ、検察や警察などの関係機関に厳正なる対応を注文した[1]。政府の方針発表に従って、文化体育観光部、警察庁、放送通信委員会などの関連機関は対応の動きを見せており、2018年10月8日に警察庁はフェイクニュースに対する取り締まり方針を発表した。放送通信委員会は、政府の主要政策に対する悪意ある情報操作に積極的に対応する必要があるという内容の「政府に対する虚偽の情報操作を根絶するための制度改善案」を発表する予定だった[2]。与党である民主党は、政府の動きに歩調を合わせるようにフェイクニュース対策委員会を立ち上げ、ポータルサイトに情報の削除を求めている。

フェイクニュースに対する立場は、与野党を問わず同じである。本来なら、野党は政府与党の動きに対してのブレーキ役であるが、野党第 1 党はすでにいくつかの改正案を提出している。2018 年 7 月までに、国会では 12 件のフェイクニュース関連法案の改正案が提出されており、フェイクニュースだけを対象にした法案もそれぞれ提出されている。与党は 4 月にフェイクニュースの拡散を禁じる対応法を、野党は 5 月にフェイクニュース対策委員会の設置を規定した法案を発議している。

　特に、フェイクニュースを規制する動きは与党の「共に民主党」（以下、民主党と略記）で強い。民主党は 2018 年 10 月 10 日にフェイクニュース対策特別委員会を立ち上げる一方で、ホームページや公式アプリを通じてフェイクニュースに対する告発を受け付け始めた[3]。それ以外にもフェイクニュースのモニタリング、ファクトチェックなどの活動を始めた。委員会は、23 日にグーグルコリア（Google KOREA）を訪問し、委員会がフェイクニュースとして断定した 104 の映像の削除を要請した。政府・与党の厳しい対応は、フェイクニュースがプライバシーを侵害することにとどまらず、国家の安全保障まで揺るがす脅威となっているという認識に基づいているからである。そのため、フェイクニュースの生産、流通、消費段階において規制をかけようとしている。

　フェイクニュースを規制しようとするこのような動きは、なぜ韓国で活発になっているのか。また、このような規制の流れは何を対象にしているのか。さらに、規制しようとする側とそれに反対する側はどのような主張をしているのであろうか。本章では、フェイクニュースに対する規制の動きを紹介しながら、その背景と規制の内容、政治側の意図について紹介していく。それらを通じて、フェイクニュースに対応しようとする韓国社会に対する理解を深めてもらいたい。

1. 韓国のフェイクニュースの概念

　フェイクニュースを規制するためには、規制対象を明確に定義する必要がある。規制対象が明確ではない場合には拡大解釈される恐れがあり、これまで自主的に処理されてきた誤報や間違った情報なども対象に含まれてしまう。そのため、法律では明確性の原則を作り、法的対象と規制しようとする行為を具体的に記述している。ここでは、韓国でフェイクニュースという概念がどのように用いられているのか、また、フェイクニュースとして扱われる範囲はどのように規定されているのかを記述する。規制案における定義は法的規制の動きで説明する。

　韓国ではフェイクニュースをガチャニュースと翻訳している。「偽る」「捏造する」という意味の"fake"を「ガチャ（가짜）」として翻訳している。英語で"fake"は「詐欺する」「捏造する」「でっち上げる」という意味も含まれている（井上・赤野、2018）。それに対して韓国語の「ガチャ」は、「本物ではない」「偽物」という意味である（ウンピョン言文研究所、2017）。

　ファン（2017）は韓国におけるガチャニュースの概念の範囲を、図4-1を用いて説明している。ファンによると、ガチャニュースの概念は、風刺的ニュース（satirical fake news）、うわさ、誤情報（misinformation）、意図されたガチャニュース（disinformation）[4]など多様な意味が混在しており、対象範囲は広い。

　ユン（2018）は、ガチャニュースの概念を「狭義」で捉えるか、「広義」で捉えるかによって大きく2つに区別している。狭義の概念は「目的」と「意図」を重要視する。インターネットで出回るガチャニュースの多くは、特定の目的で作られ、流通される虚偽情報に近い（ベ、2017）。図4-1によると、狭義のフェイクニュース、意図的なガチャ情報、間違った情報、風刺的フェイクニュースに当てはまる。ファン（2017）も、ガチャニュースを「うそ」に近く、「捏造された虚偽情報」と定義している。

　他方、広義の概念は、「意図」と「目的」をガチャニュースの要素として考

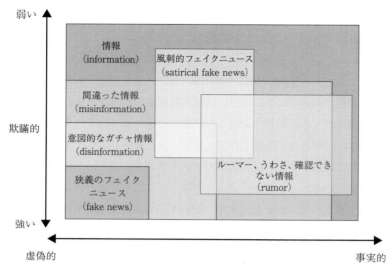

図 4-1　韓国におけるフェイクニュースの概念
(出所：Hwang（2017）「フェイクニュース現象とインターネットサービス事業者の自主規制の懸案」KBS フォーラム政策セミナー発表より)

慮しない。故意かどうかとは関係なく「虚偽の情報」であればガチャニュースに含まれる。これは、狭義の条件は、制裁のレベルを判断する際に考慮される条件にすぎないので、情報そのものの虚偽性でガチャニュースを判断するべきだという主張である。ただし、この立場によると狭義の概念より規制の範囲は広くなる。

　以上の内容とは別に、ガチャニュースの用語に対する批判もある。ニュースは、社会的な真実性、事実性、正確性、公正性、客観性のような社会的合意が前提条件となっていることから、「ガチャ（虚偽）」＋「ニュース」の造語はそもそも矛盾しているという主張である。

2. 規制論の登場背景

　2018年6月に行われた統一地方選挙でガチャニュースの拡散は以前より増加した。中央選挙管理委員会の発表によると、選挙期間中に合計4,555件のオンラインの書き込みについて削除を要請した。2014年の2,592件に比較すると2倍近く増加した。

　ガチャニュースに対する取り締まりがより強化されている。違法選挙運動を取り締まるためにデジタル認証サービス（DAS）を導入する。これによって、公務員が撮影した写真、映像、携帯電話のキャプチャ画面などが簡単に証拠として認証される。ガチャニュースが掲載されたコミュニティのキャプチャが違法選挙の証拠として簡単に認められる（朝鮮日報、2018.4.16）。取り締まり要員がアプリを利用して証拠を転送すると、写真と撮影者の位置、機器情報が国立科学捜査研究院のサーバーに送られ、証拠物認定書が発行される仕組みである。

　政府は2018年10月の国務会議から本格的に規制の意思を示した。李国務総理は、10月2日に行われた国務会議で、「ガチャニュースは社会の公敵」と述べ、政府レベルでの厳正な対応を指示した。この日の冒頭発言の3分の2をガチャニュースに充て、制作・流通・消費（利用）の段階でガチャニュースに対応するように指示した。発言の内容を要約すると次の通りである。

① 敏感な政策を含め、国家の安全保障に関する事項、大統領に関するガチャニュースのユーチューブ動画がSNSで急速に拡散している。
② これらの内容は表現の自由を称しながら国論を分裂させ民主主義を乱している。
③ 検察・警察はガチャニュースを迅速に捜査し、厳正に処罰すること。
④ ガチャニュースの拡散経路に利用されている媒体への対応を取ること。
⑤ 各省庁はガチャニュースに対して積極的に捜査を要請すること[5]。

　政府はこの指示を受け、「虚偽操作情報に対する関係省庁タスクフォース

(TF）構成」というタイトルの報告書を作成し、政府横断の総合対策を作る方針を明らかにした。報告書は、虚偽捜査情報が政府の政策や安全保障レベルにまで弊害を及ぼすようになっていることが対策に乗り出したきっかけであると明らかにしている。報告書は、虚偽操作情報対策法の成立、虚偽操作情報を情報通信網上の臨時措置および違法情報として規定すること、放送通信審議委員会を通じて名誉毀損の可能性がある虚偽操作情報など有害情報に対する通信審議の強化を規制策として提示した。

特に政府がガチャニュースの対応に積極的なのは、その多くが文在寅に関する内容であるからだ。たとえば「TV朝鮮」は「文在寅代表（当時）がサードミサイルの配置に反対し、国家保安法の廃止と駐韓米軍の撤収を主張して国政を解体しようとしている」という内容を報道した。ガチャニュースを批判するという名目で、批判や検証もなくガチャニュースを長く報道している（TV朝鮮2017.3.22）。また、5日前の3月17日には「文在寅政権の閣僚リスト」をガチャニュースの事例として紹介している。ただ、番組のコメンテーターは、「ガチャニュースに間違いないが、一部には納得できる内容もある」とコメントしている（民主言論市民連合、2017.3.23）。

選挙後もこの傾向は変わらなかった。警察庁が国会で報告した内容によると、警察が捜査中のガチャニュースの8割が文在寅政府や南北関係に関連している。警察庁は、内査（9件）、捜査（7件）の16件を捜査中であるが、そのうち14件が政府に関する未確認主張であるか、南北関係に疑惑を定義する内容である[6]。その内容の一部は表4-1の通りである。

2018年10月から始まった国政監査では、政府のガチャニュースに対する規制方針を巡っては与野党が対立することになった。科学技術情報放送通信委員会では、ユーチューブにアップロードされた「5.18北朝鮮軍の介入説」などを巡り、与野党の批判の応酬になった。当日はグーグルコリアの代表を呼び出し、与党は虚偽・操作情報が含まれた動画を削除しなかったことを批判した。その一方で野党からは、与党の削除要求に対してグーグルコリアが圧力として感じているのではないかと質問する場面があった（ハンギョレ新聞、2018.10.29）。野党は、政府のガチャニュースを規制しようとする動きは、野

表 4-1 国民生活の侵害、虚偽事実の生産・流布事犯のリスト

捜査内容	媒 体	内 容
告発	ユーチューブ	北朝鮮が国民年金 200 兆ウォンを要求した。
告発	フェイスブック	2017 年の大統領選挙予備選挙（民主党）は不正選挙だ。
内査	インターネット	南北をつなぐ鉄道と高速道路事業を進めるのは、奇襲南侵を助けるためである。
内査	インターネット	首脳会談の対価として、韓国が北朝鮮に 85 兆ウォンを支払う。
内査	ツイッター	ベトナムのホー・チ・ミン廟の来客帳で北朝鮮の首席をたたえた。

（出所：「国民生活の侵害、虚偽事実の生産・流布事犯」リストより一部抜粋）

党の政権批判を封じ込めようとすることはもちろん、国民の表現の自由も硬直させてしまうと、政府を批判した。

3. フェイクニュース対策特別委員会の設置案

与党の民主党は、2018 年 10 月 10 日に、ガチャニュース特別委員会（委員長 朴洸温（パク・クァンオン）議員）を設置した。その後、「虚偽操作情報対策委員会」（以下、特委と略記）と改名した（17 日）。名称の変更は、ガチャニュースという用語には、誤情報、風刺なども含まれているという、学界と市民社会の意見を受け入れた結果である。また、「ガチャ」と言われる時点で、もうニュースとしての要件を満たしていないので、「ガチャニュース」という表現は適切ではない[7]。特委は、幹事のほかに次のような 6 つの対策組織を設けた。①モニタリング団、②ファクトチェック団、③法律支援団、④広報企画団、⑤制度改善団、⑥諮問委員団である。委員長は党の最高委員の一人が担当し、彼は政府に批判的なユーチューバーを批判しながら、そのような活動を規制するための立法が必要だと主張した。各団長は現役の国会議員が担当しており、党の中で特委の重要性をアピールしている。モニタリング団と広報企画団は、国政監査に合わせた準備を始め、法律支援団はガチャニュースのコールセ

ンターに寄せられた内容に対する法的対応を検討し始めた。

　特委は15日にグーグルコリアを訪問し、虚偽操作コンテンツに対する削除を要請する公式文書を手渡した。民主党の要請は、2018年7月からガチャニュースコールセンターに寄せられた968件の内容を検討した結果である。

　コールセンターが受け付けた内容のうち、虚偽操作された情報として分類されたのは146件である。それを根拠に104件の動画の削除をグーグルに求めた。その内容は5.18民主化運動[8]（以下、5.18と略記）の遺族の名誉を傷つけるものである。違法の可能性が高いこられのコンテンツがグーグルのガイドラインに違反する場合には削除することを求めた。これに対してグーグルコリアは、これらのコンテンツが自社のガイドラインに違反しないと返事した。そのため、特委は虚偽操作情報の拡散を防げる公的な規制の必要性があるという意見を表明した。特委の朴委員長は、プラットフォームにこれらのコンテンツの削除を求めたことについて次のように述べた。

> 食品を売るスーパーは、自分の商品に異常がないか確認するべきだ。それを考えると、SNS事業を営む事業者はコンテンツが良質か否かについてモニタリングをするべきだ。
>
> （毎日経済、2018.10.23）

　法的規制に対する社会的批判が強くなっていることから、特委は、「虚偽操作情報の流通阻止法」による法的規制ではなく公論化モデルを推進するように方針を転換した。「民主社会のための弁護士会」（以下、民弁と略記）のような市民団体は、法の対象とガチャニュースに関する解釈が明確ではないため、表現の自由を侵害する恐れがあると反発し、民弁の事務総長は「政府が厳罰に重きを置いた対策を進めることは誤解を招く可能性も強い。社会的弱者やヘイトスピーチに対象を絞るべきだ」と主張した。

　特委は2019年2月12日に、12のユーチューブ・チャンネルで掲載された64件の動画に問題があると放送通信審議委員会に審査を申請した。それらの動画は、5.18に北朝鮮の軍の関与説を主張する内容（58件）と5.18に参加した人を北朝鮮の英雄であるとする内容（6件）である。2018年10月から関

連情報をモニタリングした結果、5.18に関連する虚偽情報の80％以上がユーチューブを通じて拡散されていることが確認された。

　与党が法的規制を設けようとするのは、拡散の防止とガチャニュースによる経済的利益を打ち切るという2点に絞られる。1つはガチャニュースの拡散を防止するために、ガチャニュースの削除とモニタリングをプラットフォームに義務化しようとしている。もう1つは、ガチャニュースの拡散によって得られる経済的利益を打ち切るために、罰則を強化することである。ガチャニュースの拡散よって得られる経済的な利益（広告収入）は、ガチャニュースを作る者とプラットフォームが分け合っている。利益の取り分はプラットフォームの方が大きい。国内のプラットフォームは与党の規制案に対し、「すべての事業者に公平な規制を行うべき」と本音を漏らす。つまり、国内のプラットフォームは規制に反対しているのではなく、規制が国内外の事業者に公平に適用されることを求めているのである[9]。

4. 政府の法的規制の計画

　政府・与党の動きは、ガチャニュースの拡散スピードの速さと範囲の広さで既存の法制度では対応できないという認識に基づいており、それを制度のうちに入れようとするものである。たとえば、ニュースは「言論仲裁法」によって規制されるし、選挙報道・調査は「公職選挙法」の規制対象である。名誉毀損については「情報通信法」で規制が行われる。これに対して、ブログやSNSで出回る虚偽情報は、報道機関のようなデスク作業[10]やファクトチェックなどを行っていない。そのため、虚偽操作情報を制作、流通させることに関する規制を強化する必要があるという論理である。政府は、2018年10月8日に「虚偽操作情報根絶のための制度改善案」という報告書を作成し、生産・流通・消費という3つのプロセスごとの規制を提案している（図4-2）。

　報告書によると、政府はガチャニュースに対する取り締まりを強化する計画である（表4-2）。2018年末までを虚偽操作情報の取り締まり期間として設定し、警察庁内にサイバー犯罪コールセンターを設けて24時間受け付けを行っ

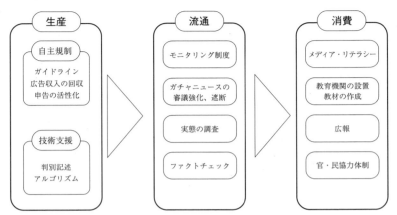

図 4-2　政府のガチャニュースの概念
（出所：「虚偽操作情報根絶のための制度改善案」）

た。また、届けられた内容をデジタルデータ・ビックデータの分析、IP追跡など科学捜査の技術を活用し、ガチャニュースの発生段階から、拡散経路を追跡した（法務部・警察庁）。警察庁は表4-3のようにガチャニュースに対する取り締まりを行った。警察は、合計37件のガチャニュースに対して調査を行い、そのうちの21件に対して削除やアクセスの遮断をした。

　政府・与党の規制の動きに対して、保守系の野党は「保守系のコンテンツを抑制しようとする意図だ」と反発している。第1野党の自由韓国党（以下、韓国党と略記）は、政府の規制の動きは、政府を批判するユーチューブに的を絞っていると反発している。韓国党は、国民の苦言をガチャニュースであるかのようにしてはいけないと指摘している。野党は、政府が、ユーチューブで活性化された、自分たち政府を批判する雰囲気を抑えようとしているとして反発している（朝鮮日報、2018.10.9）。

表 4-2　政府の規制計画

	推進課題
生産段階	○虚偽操作情報関連の犯罪を取り締まる ・特別取り締まりの強化 ・2 次拡散者に対する処罰 ・関連機関の間の協力を強化 ○事業者の自主規制環境の醸成 ・自主規制の環境醸成 ・技術的方法の支援
流通段階	○虚偽操作情報の実態調査と迅速な遮断 ・モニタリング担当官制の運営 ・審議強化と迅速な遮断 ・流通実態の調査 ○ファクトチェックの支援 ・政府レベルのファクトチェック ・民間の自主的なファクトチェックの活性化を支援
消費段階	○メディアリテラシー教育強化 ・生涯教育強化 ・インフラ構築 ・協業体系の構築 ○広報と認識の高揚 ・広報の拡大 ・官・民の協力体制の強化
法・制度の改善	○立法を推進 ・議員立法の発案の検討および立法を支援

(出所:「虚偽操作情報根絶のための制度改善案」より筆者作成)

表 4-3　ガチャニュースの取り締まり状況（2018 年）

合計	捜査事項			削除・遮断			
	合計	内捜査	捜査中	合計	SNS	1 人メディア	閉鎖型 SNS
37	16	9	7	21	8	7	6

(出所:「虚偽操作情報根絶のための制度改善案」)

5. 規制法案

　2018年7月までにガチャニュース（フェイクニュース）関連法案は、合計22件が発議された[11]。法案は、ガチャニュースの生産者・掲示者・拡散者・ポータルサイトや掲示板サイトを運営する情報通信サービス提供者を規制対象としており、情報を流通させるすべてのプロセスを規制対象にしている。改正案は、「公職選挙法」「情報通信網法」「国家情報化基本法」「放送法」など多岐にわたって提出されている[12]。

　ガチャニュースに対する法的規制をまとめると表4-4のようになる。表4-4で見られるように2件の法案を除いて改正案として出されている。改正案は、主に「公職選挙法」「情報通信網の利用促進および情報保護などに関する法律」「言論仲裁および被害救済などに関する法律」の3つに集中している。

　改正案は、ガチャニュースに対する規制理由を次のように記すとともに、虚偽情報に対応する法制度の問題点を指摘している。

①既存の法体系では実際的な被害の因果関係が証明できないと規制できない。

②虚偽情報の拡散スピードに比べて法的措置（名誉毀損の認定や削除要請）を取ってもらうまでの時間が長いので実際の救済には至らない[13]。

③そのような拡散スピードの速さは、特に選挙のときには公正性を担保できなくなる可能性がある。

④現在でも候補者やその家族に対する中傷は「公職選挙法」「刑法」で処罰可能であるが、選挙期間中に被害を食い止めることはできない[14]。つまり、ガチャニュースの拡散が速いので、初期の対応が求められる[15]のである。

⑤拡散スピードの結果によるものであるが、ガチャニュースによる精神的、経済的な被害が発生するとともに、国民の知る権利の侵害、健全な世論形成の妨害によって選挙結果にも影響を与えることが懸念されている[16]。

表4-4はガチャニュースの規制に対する3つの点を示している。1つ目は、ガチャニュースに対する規制は特定の分野に限定されていることである。規制案はガチャニュースが社会的にどのような分野で問題視され、何が争点になっているかを示している。ガチャニュースが規制の対象になるのは、選挙や政府の政策に関連している場合が多い。特に選挙期間に出回るガチャニュースの影響は大きく、選挙結果にまで影響を及ぼすことがある。

2つ目は「情報通信網の利用促進および情報保護などに関する法律の改正案」が最も多く、提出された15件のうち9件を占めている（表4-4）。その理由として、ガチャニュースの内容が一瞬で拡散されることを止めるのが目的であり、その手段として使われているのがインターネットであるからだ。3つ目は、ガチャニュースだけに特化した規制を求める法案である。与野党でそれぞれ1件ずつ提出されている。新たな立法案は、規制における政府の役割を強調している。

規制については次の4つの争点に沿って法案の内容を紹介する。①ガチャニュースに対する法的な定義、②プラットフォームに対する責任と義務、③ガチャニュースに対する政府の対策、④メディアリテラシー教育である。

6. 法的定義

規制のために出された法案は、ガチャニュースに対する法的定義を行っている。法的規制を行うためには、対象の概念・内容・範囲を明確に規定する必要がある。

表4-4によると、法案ではガチャニュースを、形式、内容と結果、流通網の3つの側面で定義している。まず、ガチャニュースの形式は言論報道（ニュース）の形式を取っているとしている。ここではニュースの作成者として、新聞、テレビなど既存のメディアだけではなく、ブログ、ツイッター、ユーチューブなどで作るものも含まれる。ガチャニュースの構成要因として「ニュース形式」が重要視されているが、この概念が明確であるのか、特定の対象を明確に示しているのか、その範囲は具体的なのかが1番目の問題であ

表 4-4 ガチャニュースの法的規制の内容

発議日	法案名	規制の内容
2017 年 3 月 3 日	公職選挙法一部改正案	選挙違反事例にフェイクニュースの生産と拡散を追加。
2017 年 4 月 11 日	情報通信網の利用促進および情報保護などに関する法律の一部改正案	(1) うその事実を報道の形式で伝え、利用者を誤認させる情報。(2) 拡散禁止対象(第 44 条 2 項の 1)。(3) 削除または反論掲載などに対応しない場合、3,000 万ウォン以下の過料(第 76 条 1 項の 6)。
2017 年 4 月 25 日	情報通信網の利用促進および情報保護などに関する法律の一部改正案	(1) 政治的または経済的利益を目的に故意にうその事実を放送、「言論仲裁および被害救済などに関する法律」の第 2 条 15 によるニュース報道と誤認する内容の情報。(2) ガチャニュースを拡散させた人。放送通信委員会は審議中の情報について「審議中」との表示を命令(第 44 条 8 項)。(3) 放送通信委員会の命令を履行しない場合は 3,000 万ウォン以下の過料(第 76 条 1 項)。
	言論仲裁および被害救済などに関する法律の一部改正案	(1) 言論の社会的責任に「真実」を追加(第 17 条 2 項)。(2) インターネットニュースサービスに「インターネット新聞」を追加(第 4 条)。インターネットニュースサービス事業者は言論仲裁や記事の訂正命令が要求された場合、記事の訂正命令を最初に拡散させた者に対して 5,000 万ウォン以下の過料(第 33 条)。(3) 文化体育観光部長官の命令に従わなかった者に対して 5,000 万ウォン以下の過料(第 34 条)。
2017 年 5 月 30 日	公職選挙法の一部改正案	(2) 情報通信網を利用した選挙運動に「ガチャニュース」、「ブログ、SNS」を追加(第 82 条 4)。ガチャニュースの被害者が選挙管理委員会にガチャニュースの表示を要請可能(第 82 条 8)。選挙管理委員会の懲役は 1 年以下の懲役または 1,000 万ウォン以下の罰金。
	情報通信網の利用促進および情報保護などに関する法律の一部改正案	(1) 情報通信網を通じて商業的目的または政治的意図をもって他者をだまそうとする意図性を持つ行為、受け手が確認するようにニュース形式で見せる事実またはジャーナリズムの機能が果たされていないのに、検証されたように見せる行為(第 2 条 11 項の 14)。(2) 情報通信サービス提供者はガチャニュースが掲載された場合にその内容を削除(第 44 条 2 項の 7)。(3) ガチャニュースを削除しない場合は 3,000 万ウォン以下の過料(第 76 条 1 項の 6)。
2017 年 7 月 26 日	情報通信網の利用促進および情報保護などに関する法律の一部改正案	(1) うその事実を歪曲または事実をニュースのように誤認させる情報。(2) 拡散禁止の対象に追加(第 44 条 1 項)。情報通信サービス提供者は明確にガチャニュースと認められる場合、速やかに削除されることとその義務化(第 44 条 2 項)。(3) 違反した場合は 3,000 万ウォン以下の過料(第 76 条 1 項)。

第4章　韓国におけるフェイクニュースの規制の動き

日付	法案	内容
2017年8月4日	情報通信網の利用促進および情報保護などに関する法律の一部改正案	〈1〉うその事実または歪曲された事実をニュースのように誤認させる情報（第2条1項）、拡散禁止情報に「ガチャニュースに当てはまる情報」を追加（第44条7項）。〈2〉情報通信サービス提供者は、ガチャニュースが掲載された場合は速やかに内容を削除しないといけない（第44条2項）。〈3〉ガチャニュースを拡散させた者に、7年以下の懲役、10年以下の資格停止または5,000万ウォン以下の過料（第70条2項）、ガチャニュースを削除しなかった場合は3,000万ウォン以下の過料（第76条1項）。
2017年9月1日	情報通信網の利用促進および情報保護などに関する法律の一部改正案	〈1〉拡散禁止情報に「本人または第三者が政治的利益・経済的利益を得るために故意にうその事実をニュースのように誤認させる内容の情報」を追加（第44条7の1項、新設）。〈3〉拡散禁止を違反した者は1年以下の懲役または1,000万ウォン以下の罰金（第74条1項、新設）。
2018年4月5日	ガチャニュース流通防止に関する法律案	〈1〉政府機関などが明確にその内容が事実ではないと認めた情報、言論仲裁委員会の内容が事実ではないと判断した情報、中央選挙管理委員会の内容が虚偽の事実と判断した情報（第3条）、メディアが訂正報道での内容が事実ではないと事実ではないと判決によって確定した情報、判決によって確定した情報、放送通信委員会がガチャニュースの拡散防止のための基本計画の作成を要請した情報。〈2〉放送通信委員会はガチャニュース情報拡散防止のための基本計画を策定（以下委員会）はガチャ情報の内容を表示（第5条）。情報通信サービス提供者のガチャニュース利用者のガチャ情報拡散の禁止（第8条1項、情報通信サービス提供者は、ガチャ情報拡散のための対応を義務化（第8条2項、第10条）。〈3〉ガチャ情報拡散のための情報提供者は5年以下の懲役または5,000万ウォン以下の罰金（第14条）。
2018年4月23日	情報通信網の利用促進および情報保護などに関する法律の一部改正案	〈2〉フェイクニュースの拡散を禁止。被害者の情報制限要請を可能に、フェイクニュースの削除、アクセス禁止などの措置を義務化。〈3〉違反時は1年以下の懲役または1,000万ウォン以下の罰金。
2018年5月9日	ガチャニュース対策委員会の構成および運営に関する法律案	国務総理傘下のフェイクニュースの流通防止対策基本計画を策定。委員会はフェイクニュースを規定。〈2〉常時モニターおよび削除義務規定。〈3〉違反時は、情報通信サービス提供者に制裁を規定。フェイクニュースを流通した人は、7年以下の懲役、10年以下の資格停止または5,000万ウォン以下の罰金。
	情報通信網の利用促進および情報保護などに関する法律の一部改正案	〈1〉政治的・経済的利益を得るために故意にうそを歪曲した事実をニュースとして誤認させる情報、〈2〉メディアに対する責任を規定、訂正報道が求められた記事については表示を義務化、メディアに対する文化体育観光部長官の訂正命令。〈3〉5,000万ウォン以下の過料。
	言論仲裁および被害救済などに関する法律の一部改正案	
2018年7月30日	情報通信網の利用促進および情報保護などに関する法律の一部改正案	〈2〉ガチャニュースの流通を禁止。ポータルサイトにガチャニュースモニタリングを義務化。〈3〉拡散させた者は7年以下の懲役または7,000万ウォン以下の罰金。

〈1〉は定義、〈2〉は規制対象と内容、〈3〉は罰則である。（出所：各法案より筆者作成）

る。もし、そうでなければ憲法における明確性の原則に違反することになる。特に、表現の自由と関連して考える場合、明確性の原則はより厳密に適用されるべきである。

　2番目は、内容の問題である。ガチャニュースは内容が虚偽である。虚偽の事実は、作り話または客観的な事実の一部またはすべてが捏造された情報である（ユン、2018）。改正案で提示された定義を見ると、「うその事実[17]」「政治的または経済的利益を目的に故意にうその事実または歪曲された事実を含む情報[18]」「情報通信網を通じて商業的目的または政治的情報を利用して他者をだまそうとする意図性を持つ行為、受け手が誤認するようにニュース形式の情報または事実検証というジャーナリズムの機能が果たされていないのに、検証された事実のように見せる行為[19]」「うその事実または歪曲された事実をニュースのように誤認させる情報[20]」また、2018年4月に提出された「ガチャニュース流通防止に関する法律案」では「政府機関などが明確にその内容が事実ではないと判断した情報、メディアが訂正報道でその内容が事実ではないと認めた情報、言論仲裁委員会で内容が事実ではないと確定した情報、判決によって事実ではないと判断された情報、中央選挙管理委員会が虚偽の事実、誹謗中傷と削除を要請した情報[21]」と定義している。

　これらの法案が提示しているガチャニュースの条件は、①商業的・政治的な目的を持っているかどうか、②虚構と欺瞞の意図性、③ニュースという形式性の3つである（ジョン、2018）。ニュースの内容が事実か否かはニュースを判断する重要な基準である。ここで問題になるのは、誤報がフェイクニュースとして見られるのかである。韓国の大法廷は、報道の内容の趣旨が細部においては真実と多少の違いがあっても問題ないとし、完全に客観的な真実と一致する必要はないとしている（判決、2000다37524）。

　3番目は意図性の有無である。内容が虚偽であることを知りながら故意または意図的にニュースを拡散させることである。このような場合は、経済的・政治的利益を得るための目的である場合が多い。しかし、内容の真意はともかく作成者がそのように信じ込んでいる場合は、フェイクニュースとして判定するのは難しい。

4番目は、形式の問題である。韓国でフェイクニュースはガチャニュースと翻訳されている。そのため、フェイクニュースはニュースの形式を取っているように思われがちである。もちろん、ニュースメディアのように、新聞名、発行日付、バイラインなどの形式を取っているものある。既存のニュースサイトとそっくりに立ち上げられたフェイクニュースサイトもある。しかし、実際に問題になっているフェイクニュースは、記事の形式を取っているもの以外にも、カカオトークを通じて拡散される場合が多い。その形式は必ずしもニュースの形式ではなく、うわさのような形式である場合が多い。

7. プラットフォームに対する責任と義務

どの改正案も、プラットフォームに対して義務と責任を追わせている。規制案では、情報通信サービス提供者と書かれているが、それはポータルサイトやブログの運営者を意味するのが一般的な解釈である[22]。法案では、ガチャニュースが拡散できないようにするための事前の対応、ガチャニュースが見つかった場合の対応、選挙管理委員会や放送通信審議委員会の要請がある場合の対応をプラットフォームに求めている。これらの対応は、「ガチャニュースを流通させない[23]」という意図が根底にある。その具体的な方法は、インターネットホームページまたは掲示板、ブログ、SNSにガチャニュースの掲載を禁じることだ。

「ガチャニュース流通防止に関する法律案」は、プラットフォームの対応を義務化し（第8条2項、第10条）、活動報告書の作成を求めている。また、ガチャニュースに対するモニタリングも義務化している[24]。

これらの義務に違反した場合の罰則を設けているのも共通している。ガチャニュースを発見しても削除または臨時措置を行っていない情報通信サービス提供者に対しては3,000万ウォン以下の過料を科す[25]。また、放送通信委員会による審議が行われている情報についてはその内容を表示することが義務化されており、違反した場合は3,000万ウォン以下の過料[26]となる。さらに、選挙管理委員会からガチャニュースに対する通報を受けた事項を履行しなかった場

合でも過料が科される（第76条1項）。

「ガチャニュース流通防止に関する法律案」はプラットフォームに対してより細かい規制を設けようとしている。たとえば、ガチャニュースと疑われるニュースはその旨を表示させることができる（第82条4の3項、5項）[27]。ガチャニュースで被害を受けた人がガチャニュースであることを表示するように選挙管理委員会に要請した場合、同委員会は情報通信サービス提供者に通達を出すことができる（第82条8の2～7項）[28]。

情報通信サービス提供者に対する義務と責任を負わせるのは、プラットフォームがガチャニュースの流通によって商業的な利益を得ているからである。ユーチューブで掲載されたガチャニュースの動画には韓国の大手企業の広告が付いている。名誉毀損の疑いがある動画においても企業が広告を出している。動画にはアクセスごとに0.7～1ウォン程度の収益が発生していると知られている。問題のユーチューバー（ユーチューブ用の動画を制作する人）は100件以上の動画をアップロードし、1億1,000万回以上の累積再生回数を記録している[29]。1億ウォン以上の収益があったと推定される。

8. メディアに対する責任を強化

メディアに対する規制は、主に「言論仲裁および被害救済などに関する法律の改正案」で示されている。従来のメディアが自らガチャニュースを作ることはないと思われるが、ガチャニュースを報じることで意図せずガチャニュースを拡散させてしまうこともある。新聞、放送は社会からの信頼度が高いため、ガチャニュースに対する責任も強く求められる。また、これらのメディアはインターネット上でも記事を提供しているため、訂正報道の申請などで争っている記事に対してその趣旨の「表示」を義務化し、読者に合理的判断材料を提供することを求めている[30]。

犯人と報道された人が無罪判決を受けた場合、事後の報道を求める期間を延長し、報道被害に対する救済を強化する。また、言論仲裁委員会の要請によって文化体育観光部長官がガチャニュースを報道または転載した報道機関に対し

て訂正を命ずることを可能にし、報道の社会的責任を強化した（第17条1項、第33条）[31]。

　2018年に提出された「言論仲裁および被害救済などに関する法律の一部改正案」は、ガチャニュースに対する規制を強化している[32]。言論仲裁委員会は、メディアがガチャニュースを報道したときに訂正命令を下すように文化体育観光部長官に要請できる。さらに、文化体育観光部長官は、言論仲裁委員会から要請があればガチャニュースを報じたメディアに対して訂正命令を下すことができる。改正案では、言論の社会的責任を強調し、ガチャニュースの拡散を防止するために努力する内容を追加した[33]。

9. ガチャニュースに関連する政府の対策

　ガチャニュースに積極的に対応することを政府と自治体に求めている法案も2本提出されている。「国家情報化基本法」は、ネット上の虚偽・歪曲された情報が出回ることを防ぐことと、利用者を保護するための対応を国家と自治体に義務化している[34]。ガチャニュースがインターネットを通して拡散され深刻な社会問題をひき起こしているので、これに対する政府の対応が必要である。そのため国家に情報通信網の利用者を保護する責任を負わせることとした。既存の「情報利用者の保護に関連した事項」を、「その他、うそまたは歪曲情報の流通防止など利用者の保護に関する事項」と改正し、ガチャニュースから利用者を守るべき根拠を作ったのである。

　また、「ガチャニュース対策委員会の構成および運営に関する法律案」では、次の3つの対策が提示されている（図4-3）。
　①国務総理傘下にガチャニュース対策委員会を設け、基本計画を作成する。委員会は文化体育観光部（新聞とインターネット新聞）と放送通信委員会（放送とインターネット）で構成する。
　②委員会は、文化体育観光部や放送通信委員会のガチャニュース流通防止のために政策の推進実績を評価する。各機関はガチャニュース流通防止のための計画を委員会に提出し、委員会はそれをもとに基本計画を作成する。

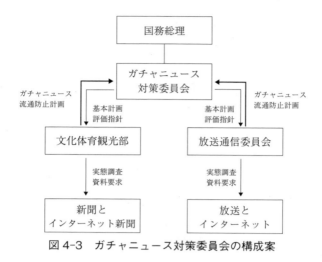

図4-3　ガチャニュース対策委員会の構成案

③その内容を国会に提出することを義務化する[35]。

「ガチャニュース流通防止に関する法律案」でも、放送通信委員会が3年ごとにガチャニュース流通防止のための計画を作成する一方、毎年実態調査を行うことを義務化している[36]。

10. メディアリテラシー教育

ガチャニュースへの対策として提示されているのは、ユーザーのリテラシーを高めることである。「メディア教育活性化に関する法案」は、メディアリテラシーが重要視されているのに、メディアリテラシー関連政策と事業が放送通信委員会、文化観光体育部、教育部などに分散されていることから、総合的な教育が行われていないことを問題として指摘している。メディア教育を総合的に推進するために国務総理傘下に「メディア教育委員会」を設け（第8条および第9条）、5年ごとにメディア教育基本計画を策定する。委員会は、政策および事業について評価指針を作り、関連機関が毎年推進内容を評価して委員会

に報告するようにした（第11条）。また、関連機関はメディア教育の専門家を養成および支援するための援助を行うことを規定している（第12条および第13条）。

それ以外にもメディアリテラシーを強化する法案はいくつか提出されている。視聴者メディア財団がメディアリテラシー教育事業を行う「放送法案」や、メディアリテラシー教育を教育課程に編成するか義務化する「初中等教育法案」、高校までの教育と公共機関を対象にした情報化教育を義務化する「国家情報化基本法案」などが提出されている。

おわりに

以上で説明したように、韓国では様々な規制案が国会に提出されている。それらの分野を見ると、「情報通信関連法」「公職選挙法」「言論仲裁法」「国家情報化基本法」「放送法」「教育法」「メディア教育活性化に関する法」など多岐にわたる。規制案の争点は次のように検討できる。

まず、規制対象と内容に関する問題である。規制案は、ガチャニュースを作った者、それに場を提供した者（情報通信サービス提供者、つまりプラットフォーム）とメディアに対して、法的義務と制裁を規定している。規制する対象を明確にし、制裁を加えることはガチャニュースが出回ることを防ぐには効果が得られるかもしれない。しかし、制裁を行うためにガチャニュースを誰が判断するのかが問題である。また、ある情報が虚偽か否かを判断するのは難しい場合も少なからず存在する。そのときに、ガチャニュースを拡散した行為に対する法的制裁は、表現の自由を萎縮させることになる。

次に、情報通信サービス提供者への規制である。プラットフォームに対する規制を強化することは、彼らに利用者の情報活動に対する検閲を強化するように仕向けることにもなる。そのため、自由な営業活動が制約されることとなり、規制の強化は利用者の表現の自由はもちろん、プラットフォームの営業の自由をも侵害することになる。

最後に、マスコミに対する規制と訂正命令（表示命令も含めて）である。こ

表 4-5　ガチャニュース関連立法案の主な内容

区　分	内　容
定義	インターネット上のニュース形式の虚偽情報
作成者に対する責任	ガチャニュースを流布した者は刑事処罰。選挙関連は最初に流布した者に限って刑事処罰
プラットフォームの責任	削除、モニタリング、流通防止責任者を指定。選挙関連の場合はガチャニュースという表示を義務化
メディアの責任	ガチャニュース報道に対する政府の訂正命令
メディアリテラシー	教育の義務化。ガチャニュースに対する教育を推進する担当機関の設置
政府の対策	国家機関、自治体に対してガチャニュース流通防止施策の制定を義務化

（出所：チェ、2018）

れらはマスコミの報道活動に対する権力の介入を招く恐れがあり、その結果、言論の自由が侵害される。ただ、マスコミの報道被害についてはすでに「言論仲裁法」で調整されている。政府・与党の案は、ガチャニュースが拡散するスピードが速いため、既存の法体系では被害を救済することは難しいという判断もある。

　法的規制は、ガチャニュースの拡散を防ぐために国家が総合的な対策を講じることを提示している。このような動きはガチャニュースの流通によって生じる被害に前もって対応する側面がある。ただ、国務総理を頂点とする、文化観光体育部、警察庁、教育部、放送通信委員会、選挙管理委員会などの対応は、社会の世論空間を硬直させる恐れもある。韓国では現在でもインターネットに対する規制が厳しい水準にある。たとえば、「公職選挙法」にはインターネット報道審議会を設け、選挙期間中の報道をチェックすることが定められている。

　他方で、ユーザーの批判力を強くするためのメディアリテラシー教育を強化する法案も提出されている。ガチャニュースが広がっている背景には、ユーザーの判別力や批判力が十分でない現実がある。教育課程においてメディアリテラシーを強化すれば、ガチャニュースに対する抵抗力は増える。ただし、効

果が発揮できるまでには時間がかかり、現在に起きている問題に対応できない。

　以上のことから、韓国におけるガチャニュースに対する規制の動きを次のように要約できる。まず、ガチャニュースの定義は次の2つの点を強調している。1つ目はニュース形式を取っていることであり、内容として虚偽・歪曲情報であることだ。2つ目は、経済的、政治的利益を得るために意図的に作られたものである。この定義は、実際のガチャニュースの一部分しか規定できない。ある情報が虚偽・歪曲情報であることが明らかになった時点で、その情報はもはやニュースではない。ガチャニュースが矛盾を内在している概念であることから、政府・与党は「虚偽操作情報」と名称を変えて使っている。

　次に、規制の対象として、主にプラットフォームに規制の焦点を合わせていることである[37]。法案では、規制の対象として個人、プラットフォーム、マスコミの3つを挙げているが、主な標的はプラットフォームである。それは短期間で広く拡散されてしまうガチャニュースの拡散経路として、プラットフォームが利用されているからだ。規制案が、プラットフォームに責任と義務を負わせているのもその理由である。ヒアリングにおいてもその点は確認できた。虚偽操作情報については、既存の法体系の中で名誉毀損や選挙法違反として対応できるが、今日のような情報環境では拡散経路として情報通信サービス提供者に責任を求めるのが効率的であろう。ただ、今回のようにプラットフォームに責任を負わせることより、自主的な活動を促す法案を検討する必要がある。

注
1) 2018年10月2日に行われた国務会議で発言した。
2) 国務会議で内容の補完が求められ発表が見送られた。放送通信委員会は、同発表資料について国会の資料提出を拒んできたが、メディア専門紙Media Todayが、報告書を入手し、公開したことで内容が明らかになった。
3) 告発センターのホームページのURLは、theminjoo.kr/fakenews.doである。
4) 相手をだますための偽りの情報の意味である。
5) 東亜日報出身の李国務総理がガチャニュースに対する強硬な姿勢を見せているのは、本人

がガチャニュースの被害を受けた経験があるからである。2018年9月にベトナムのホー・チ・ミン廟を訪問したときに、来客帳に「主席様…」と書いたのが、金正恩国務委員長にあてた文章のように歪曲され、ガチャニュースとして出回った(『朝鮮日報』2018年10月3日)。

6) 資料は、民主党 李在汀議員提供。内容は次のリンクから参照。http://www.pennmike.com/news/articleView.html?idxno=10732 (2019年4月6日アクセス)
7) 2018年3月14日、国会の議員会館で行った朴洸温議員へのヒアリングの内容より。筆者は、与党の規制案に対する意図を把握するために朴委員長に対するヒアリング調査を行った。
8) 1980年5月18日から27日早朝までの10日間に、クーデターを起こした軍部の命令を受けた戒厳軍の鎮圧に光州市民が民主化を求めて抵抗した事件である。
9) ヒアリングは3月14日午前9時半から1時間ほど行われた。
10) 記事に対するフィードバックと編集。
11) 国会の立法案検索システムから検索、ハフィントンコリア2017年8月24日付記事参照。また、政府の虚偽の操作情報根絶のための制度改善案などを参照し、筆者が作成。検索用語として、「ガチャニュース」または「ガチャ情報」を用いて、法案名と提案理由・内容を調べた。https://pal.assembly.go.kr/search/mainView.do#a (2019年4月6日アクセス)
12) 改正案が出された関連法案である。発案は、与党・野党関係なく行われている。
13) 2017年4月25日提出「情報通信網の利用促進および情報保護などに関する法律の一部改正案」。
14) 2017年4月15日提出「公職選挙法の一部改正案」。
15) 2017年7月26日提出「情報通信網の利用促進および情報保護などに関する法律の一部改正案」。
16) 2018年5月9日提出「情報通信網の利用促進および情報保護などに関する法律の一部改正案」。
17) 2017年4月11日提出「情報通信網の利用促進および情報保護などに関する法律の一部改正案」。
18) 2017年4月25日提出「情報通信網の利用促進および情報保護などに関する法律の一部改正案」。
19) 2017年5月30日提出「情報通信網の利用促進および情報保護などに関する法律の一部改正案」。
20) 2017年7月26日提出「情報通信網の利用促進および情報保護などに関する法律の一部改正案」。
21) 2018年4月5日提出「ガチャニュース流通防止に関する法律案」。
22) 2017年4月11日提出、2017年4月25日提出、2017年5月30日提出、2017年7月26

日提出、2017年8月4日提出、2018年4月5日提出、2018年4月23日提出、2018年7月30日提出の「情報通信網の利用促進および情報保護などに関する法律の一部改正案」。
23) 2017年4月11日提出「情報通信網の利用促進および情報保護などに関する法律の一部改正案」。
24) 2018年7月30日提出「情報通信網の利用促進および情報保護などに関する法律の一部改正案」。
25) 2017年4月11日提出「情報通信網の利用促進および情報保護などに関する法律の一部改正案」。
26) 2017年4月25日提出「情報通信網の利用促進および情報保護などに関する法律の一部改正案」。
27) 2017年4月25日提出「公職選挙法の一部改正案」。
28) 2017年4月25日提出「公職選挙法の一部改正案」。
29) 2017年9月から2018年5月まで。
30) 2017年4月25日提出「言論仲裁および被害救済などに関する法律の一部改正案」。
31) 2017年4月25日提出「言論仲裁および被害救済などに関する法律の一部改正案」。
32) 現行法の規制は、訂正報道を請求するか言論仲裁委員会で「訂正勧告」を行うことである。
33) 同法案、第4条4項で新設された。
34) 2017年5月30日提出。
35) 2018年5月9日提出。
36) 2018年4月5日提出、内容は第5条、6条。
37) Ladeur etc.(2017)の研究によると、ガチャニュースの拡散はプラットフォームの影響を受けている。チェ・ジンウン（2018）は、「明確にガチャニュースであってもその拡散にはプラットフォームの影響を強く受けている」と述べている。

参考文献

【外国語文献】

KBS（2019年2月12日）「박광온 "5.18 관련 허위조작정보 유튜브 채널 영상 방심위 심의 신청（朴洸温、5.18関連虚偽操作情報ユーチューブチャンネルの映像、放審委に審議を申請）」http://news.kbs.co.kr/news/view.do?ncd=4136869（2019年4月6日アクセス）

TV朝鮮（2017）『김광일의 신통방통（金キョンイルのシントンバントン）』2017年3月22日放送。

ウンピョン言文研究所 編（2017）『뉴에이스 국어사전（ニューエース国語辞典）』金星出版社.

クォン・マンウ、ジョン・ヨンウ、イム・ハジン（2015）「가짜뉴스(Fake News) 현황분석을 통해 본 디지털매체 시대의 쟁점과 뉴스콘텐츠 제작 가이드라인（ガチャニュースの現況分析を通じて見たデジタル媒体時代の争点とニュースコンテンツ制作ガイドライン）」『멀

티미디어 학회 논문지（マルチメディア学会論文誌）』18 (18).
ジャン・フィイル（2017）「가짜뉴스의 심각성과 법적대응방안（ガチャニュースの深刻性と法的対応案）」『KHU 글로벌 기업 법무 리뷰（KHUグローバル企業法務レビュー）』10 (1).
ジョン・ユンキョン（2018）「가짜뉴스 대응을 위한『미디어교육지원법』입법에 관한 논의（『ガチャニュース』に対応するためのメディア教育支援法の立法に関する論議）」『교육법학 연구（教育法学研究）』30 (3).
チェ・ジンウン（2018）「제 20 대 국회의 가짜뉴스 관련 입법안 분석（第 20 代国会のガチャニュース立法案の分析）」『의정 연구（議政研究）』24 (3).
チェ・ホンギュウ（2018）「가짜 뉴스 관련 논점과 페이스북・구글의 대응 방안（ガチャニュース関連の論点とフェイスブック・グーグルの対応案）」KISA-Report: Power Review, 2.
中央日報（2018）「가짜뉴스→허위조작정보로 이름 바꾼 민주당, 민변『표현의 자유 위축 제도』(ガチャニュース→虚偽操作情報と名前を変えた民主党、民弁『表現の自由を萎縮する制度』)」『중앙 일보（中央日報）』2018.10.17. https://news.joins.com/article/23048741（2019 年 4 月 6 日アクセス）
朝鮮日報（2018）「가짜 뉴스・불법 선거운동 증거 수집 쉬워진다（ガチャニュース・違法選挙運動の証拠、収集しやすくなる）」『조선 일보（朝鮮日報）』2018.4.16.
朝鮮日報（2018）「성에 안 차서……가짜뉴스 근절책 발표 연기（満足できず……ガチャニュースの根絶対策の発表の延期）」『조선 일보（朝鮮日報）』2018.10.9.
ハンギョレ新聞（2018）「여야 과방위 종합국감서 '가짜 뉴스 근절 대책' 공방전（与野科放委の国監で、ガチャニュース根絶対策で攻防戦）」『한겨레 신문（ハンギョレ新聞）』2018.10.29. http://www.hani.co.kr/arti/politics/assembly/867898.html（2019 年 4 月 6 日アクセス）
ファン・ソンギ（2018）「가짜뉴스에 대한 법적 규제의 문제（ガチャニュースに対する法的規制の問題）」Kawanhun Journal 60 (1), pp. 83-91.
ファン・ヨンスク（2017）「형식과 내용 의도적으로 속일 때『가짜 뉴스』(形式と内容、意図的にだますときが『ガチャニュース』)」『신문과 방송（新聞と放送）』2017.4.
ベ・ヨン（2017）「페이크 뉴스에 대한 이용자 인식조사 결과（フェイクニュース利用者の認識調査結果）」『제 1 회 KISO 포럼 가짜 뉴스와 인터넷 토론 집（第 1 回 KISO フォーラム：フェイクニュースとインターネット討論集）』pp.177-208.
毎日経済（2018）「민주 허위조작정보 유통방지법 추진…공론화 모델 도입（民主党、虚偽操作情報の流通防止法を推進・・・公論化モデルを導入）」『매일 경제（毎日経済）』2018.10.23. https://www.mk.co.kr/news/view/politics/2018/10/661360/（2019 年 4 月 6 日アクセス）
民主言論市民連合（2017）『종편 시사토크 프로그램 일일브리핑（時事討論番組モニター）』

2017.3.23. http://www.ccdm.or.kr/xe/watch/208723（2019 年 4 月 6 日アクセス）

メディア・トゥデイ（2018）「문재인 정부 '가짜뉴스' 근절 대책문건 공개（文在寅政府のガチャニュース根絶対策レポート）」『미디어 오늘（メディア・トゥデイ）』2018.10.28. http://www.mediatoday.co.kr/?mod=news&act=articleView&idxno=145199（2019 年 4 月 6 日アクセス）

ユン・ソンウック（2018）「가짜뉴스의 개념과 범위에 관한 논의（ガチャニュースの概念と範囲に関する議論）」『언론과 법（言論と法）』17 (1).

リ・ジョンニョム（2018）「인터넷 가짜뉴스(Fake News)의 규율에 관한 법적 쟁점（インターネットのガチャニュースの規律に関する法的争点）」『법조（法曹）』731.

リ・ソンデ（2018）「가짜뉴스에 대한 형사법적 규제가능성과 보완필요성 검토（ガチャニュースに対する刑事法の規制可能性と補完の必要性に関する検討）」『형사 정책（刑事政策）』30 (1).

【邦語文献】

井上永幸、赤野一郎 編（2018）『ウィズダム英和辞典』第 4 版、三省堂。

第5章

日本の有権者はいかにニュースをフェイクと認識したか

── 2017年衆院選における「フェイクニュース」の認知 ──

小笠原　盛浩

1. 海外および日本のフェイクニュース概況

　2016年のアメリカ大統領選挙、イギリスのEU離脱を決めた国民投票、2017年のフランス大統領選挙、ドイツ連邦議会選挙など、世界各地でフェイクニュースが社会問題となっている。フェイクニュースが注目を集めるきっかけとなった2016年のアメリカ大統領選挙では、選挙期間中に「ローマ法王がドナルド・トランプ候補を支持した」など156件の虚偽のニュースがフェイスブック上で約3,800万回シェアされ、約7億6,000万回クリックされたり読まれたりした（Allcott and Gentzkow, 2017）。結果、アメリカの成人の64%はフェイクニュースが大統領選挙で非常な混乱を引き起こしたと認識している（Mitchell, et al., 2016）。

　トランプ候補は大統領に当選後、CNNやニューヨークタイムズなど政権に批判的なリベラル系ニュースメディアを「フェイクニュース」とたびたび非難し（Davis, 2018など）、支持者の間に報道機関への不信を広めている。トランプ政権以降、共和党支持者と民主党支持者の間ではニュースメディアに対する信頼の差がこれまでになく拡大しており、ギャラップ社の調査では民主党支持者のうち76%がマスメディアを信頼しているのに対して、共和党支持者ではわずか21%しか信頼しておらず、両者の間には55%もの差が生じている（Jones, 2018）。

　フェイクニュースによる社会問題が広がる一方で、「フェイクニュース」と

いう言葉が意味する内容は、実はあいまいである。これは選挙期間中の虚偽のニュース、報道機関への批判、陰謀論、プロパガンダ、ゴシップ、偽動画など、様々な異なる情報に対して「フェイクニュース」という言葉が使われているためであり（笹原、2018）、報道支援機関ファーストドラフトのクレア・ウォードル（Claire Wardle）は、「フェイクニュースという言葉が役に立たないということは、皆が同意している」と述べている（Wardle, 2017）。次節で述べる通り、本章でも「フェイクニュース」というあいまいな言葉を使用することはできるだけ控え、人々がニュースを虚偽・誤りと認識する現象（ニュースのフェイク認知）を分析対象とする。

アメリカなどと比べると、日本では選挙に関連してフェイクニュースが報道されることが少なく、状況はあまり深刻でないように見える。2017年の衆議院議員選挙（以下、衆院選と略記）の公示日から投票日の1か月後まで（2017年10月10日～11月22日）の全国紙5紙（朝日新聞・読売新聞・毎日新聞・日本経済新聞・産経新聞）の記事について、「フェイクニュース」「デマ」「流言」のキーワードで記事データベースを検索したところ、該当したのはファクトチェック団体「ファクトチェック・イニシアティブ（FIJ）」の取り組みを紹介した10月30日付の朝日新聞記事と、「森友・加計問題」をフェイクニュースと見なす11月5日付の産経新聞の論評記事の2本だけであった。ファクトチェックの結果でも、ファクトチェック・イニシアティブが2017年の衆院選に関連して虚偽や事実誤認と紹介した情報は18件、法政大学藤代研究室と日本ジャーナリスト教育センター（JCEJ）がフェイクニュースと判定した情報は5件、うち大規模に拡散したフェイクニュースは1件にとどまった（ファクトチェック・イニシアティブ、2017；藤代、2017）。

では、現在の日本社会ではフェイクニュースが政治的・社会的混乱を引き起こす危険性は低いと考えてよいのだろうか。本章では、2017年衆院選直後に筆者が明治大学・清原聖子研究室と共同で実施したオンラインアンケート調査のデータを用いて、日本社会における「フェイクニュース」（ニュースのフェイク認知）の現状について分析する。

2. 先行研究レビュー

(1)「フェイクニュース」の分類

　前節で述べた通り、「フェイクニュース」という言葉は意味があいまいで多義的であるため、フェイクニュースの概念を整理するために研究者や実務家から様々な分類法が提案されている。タンドクら（Tandoc et al., 2018）は2017年までのフェイクニュースの先行研究をレビューし、事実に依拠する度合いと送り手側が受け手をだまそうとする意図という2つの軸に基づき、フェイクニュースを風刺、パロディ、捏造、（写真）操作、広告、プロパガンダの6種類に分類した。

　ウォードルは「フェイクニュース」という言葉の代わりに「ミスインフォメーション（misinformation：不注意で共有された誤情報）」と「ディスインフォメーション（disinformation：意図的に作成され共有された虚偽情報）」という言葉を用い、それらを虚偽・誤情報の種類、作成意図、拡散様式の3点に着目して、風刺・パロディ、ミスリーディングな内容、偽装された内容、捏造された内容、誤った関連付け、偽の文脈、操作された内容の7種類に分類している（Wardle, 2017）。グーグルもフェイクニュース対策の白書でフェイクニュースの代わりに「ディスインフォメーション」の言葉を用い、「オープンなWebのスピード、スケール、技術を使って人々をだまし、判断を誤らせようとする意図的な取り組み」と定義した（Google, 2019）。

　ニールセンとグレイブズ（Nielsen and Graves, 2017）は、ニュースの「受け手」（視聴者・読者）がフェイクニュースをどう認識しているかについて4か国でグループインタビュー調査を行い、受け手は虚偽・誤りのニュースと事実のニュースを明確に区別せず「あなたが信用しないニュースが（あなたにとっての）フェイクニュース」と考えていること、受け手が認識するフェイクニュースが、風刺、捏造ニュース、低品質の記事、プロパガンダ、広告の5領域にまたがっていることを見いだした。

　イーガーホッファーとレチェラー（Egelhofer and Lecheler, 2019）は2018

年までの先行研究におけるフェイクニュースの定義をレビューし、フェイクニュースを「ジャンルとしてのフェイクニュース」（事実性が低く、読者をだます意図を持ち、記事を装って作られたニュース）と「ラベルとしてのフェイクニュース」（ニュースメディアへの信頼を失墜させるための政治的道具）に大別した。また、従来のフェイクニュース研究が前者に偏っており、後者にも研究の焦点を当てる必要があると主張した。

これらの定義・分類に共通しているのは、「ラベルとしてのフェイクニュース」を除けばフェイクニュースは（ニュース作成者の意図は様々だが）基本的に不正確な情報とされている点である。

(2) フェイクニュース研究の操作的定義

概念上の定義・分類だけでなく、フェイクニュース研究で用いられるフェイクニュースの操作的定義にも共通点が見られる。アルコットとゲンツコウは、ファクトチェックサイト（スノープス、ポリティファクト）が収集した情報とオンラインニュースサイト（バズフィード）が報道したフェイクニュースからフェイクニュース記事のデータベースを作成し、調査回答者が正しいニュースとフェイクニュースを識別できる度合いを分析している（Allcott and Gentzkow, 2017）。

ヴォスーギらはフェイクニュースの代わりに「ミスインフォメーション」の言葉を使い、6つのファクトチェック団体（スノープス、ポリティファクト、FactCheck.org、トゥルースオアフィクション（Truthorfiction）、ホークス・スレイヤー（Hoax-slayer）、アーバン・レジェンズ（Urban Legends））によって真偽が調査されたニュースのツイートデータを取得し、それらのニュースを「正」「誤」「混合（一部は正しく一部は誤り）」の3グループに分類して、それぞれの拡散の度合いを比較している（Vosoughi, et al., 2018）。

ペニークックらはフェイクニュースサイトから「フェイクニュース」を、マスメディアニュースサイトから「事実ニュース」をそれぞれ抽出し、実験の被験者によるフェイクニュースと事実ニュースの識別に影響する要因を分析している（Pennycook, et al., 2018）。

これらのフェイクニュースの操作的定義に共通しているのは、ニュースがあらかじめ「事実のニュース」と「虚偽・誤りのニュース」に分類され、人々が「虚偽・誤りのニュース」を信頼あるいは拡散する要因が分析対象とされている点である。言い換えると、これらの研究では、人々が事実のニュースを信頼あるいは拡散することが「正しい」行為であり、虚偽・誤りのニュースを信頼あるいは拡散することは誤った行為であって解決されるべき問題である、という前提が置かれている。

(3) フェイクニュース研究の操作的定義の問題点

　筆者は上述のフェイクニュースの定義・分類・操作的定義には、①「フェイクニュース」による社会問題、②研究のリアリティ、という2点から問題があると考える。結論を先取りして言えば、それらの定義等は事実のニュースを「正しく」受容することを「受け手」に求める、ニュースの「送り手」(報道機関)寄りの視点に偏っており、フェイクニュース研究や対策の妥当性が損なわれている恐れがある。

1)「フェイクニュース」による社会問題

　話を簡単にするため、あるニュースが報道されたりソーシャルメディア上で拡散されたりした場合、そのニュースが伝える内容が事実の場合と虚偽・誤りの場合に二分されると便宜的に仮定しよう。ニュースに対する「受け手」(視聴者・読者)の判断についても同様に、事実と判断して信用する場合と虚偽・誤りと判断して信用しない場合に二分されると仮定する。事実 ─ 虚偽・誤りの軸と信用 ─ 不信の軸を組み合わせると図5-1となる。

　受け手が事実のニュースを信用した場合(図5-1 第1象限)ならびに虚偽・誤りのニュースを信用しなかった場合(第3象限)は、基本的に問題ないが、虚偽・誤りのニュースを信用した場合(第2象限)ならびに事実のニュースを信用しなかった場合(第4象限)には問題が生じると考えられる。先述のフェイクニュース研究の操作的定義では、基本的にフェイクニュースが伝える内容は「虚偽・誤り」とされているため、第2象限のみを対象としている。

　しかしながらトランプ大統領がリベラル系ニュースメディアへの批判で用

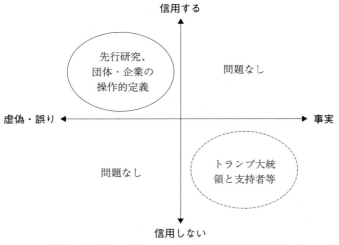

図 5-1 「フェイクニュース」による社会問題

い、共和党支持者の間にも浸透している「フェイクニュース」問題は、この操作的定義では取り扱うことができない。CNN やニューヨークタイムズも時に誤報があるとはいえ、熱心なトランプ支持者の間ではリベラル系メディアの報道というだけでニュースが虚偽・誤りと認識されてしまうのである（Grynbaum, 2018 など）。

受け手が報道機関のニュースを虚偽・誤りと見なす傾向は、アメリカのトランプ大統領とその支持者に限った話ではない。ドイツでは右翼市民運動のデモ行進で、ナチスがメディアを誹謗中傷するために使用していた「うそつきプレス」という言葉が連呼され、2014 年の「イケない言葉」賞に選ばれている（林、2017）。フィリピンではドゥテルテ大統領が彼に批判的なオンラインニュースサイト、ラップラー（Rappler）を「フェイクニュース」と呼んで攻撃し、大統領支持者はラップラーや他の報道機関の偏向を批判している（BBC News, 2019）。

キャス・サンスティーン（Cass R. Sunstein）はインターネット上で自分の好む情報にばかり接触し、自分と似た意見の人々とだけコミュニケーションする傾向（エコーチェンバー）が広まれば、社会の分極化が進んで人々の間の合

意形成が困難になり、民主主義の脅威になると指摘している（Sunstein, 2001 = 2003; 2017）。人々が虚偽・誤りのニュースを信頼する図5-1第2象限（虚偽・誤情報の受容）のケースも、報道機関が報道するニュースが事実であるにもかかわらず人々がそれを虚偽・誤りと見なす第4象限（事実情報の非受容）のケースも、社会問題に関する認識共有を困難にさせる点では民主主義にとって同様に脅威であり、「フェイクニュース」の社会問題として研究や問題解決の取り組みが進められるべきである。

なお、第4象限の「事実情報の非受容」は、前述の「ラベルとしてのフェイクニュース」と共通点が多いが異なる点もある。イーガーホッファーとレチェラーは政治的アクターがニュースメディアを攻撃する武器として「ラベルとしてのフェイクニュース」を位置付けており、政治家などによるラベルの使われ方、ラベルがジャーナリズムや市民に及ぼす影響を研究課題として挙げている（Egelhofer and Lecheler, 2019）。

それに対して本章では、ニュースメディアへの攻撃的意図を原因とするものに限定せず、受け手による事実情報の非受容全般をフェイクニュース問題に含めることを提案する。なぜならば次節で述べる通り、「フェイクニュース」に関連するコミュニケーションには、政治色が濃いものだけでなくきわめて薄いものも含まれている可能性があるためである。

2）研究・取り組みのリアリティ

先行研究の操作的定義では、基本的にはニュースを事実と虚偽・誤りに二分し、受け手が両者の判別を正しく行えない要因や、前者よりも後者が拡散してしまう要因を分析していた。しかし、ニュースを事実か虚偽・誤りかで二分したり、事実 ― 虚偽・誤りの軸で分析したりするアプローチは、人々の実際のニュース利用行動を考えると研究のリアリティの点で問題がある。

マスコミュニケーション研究のアプローチの一つである「利用と満足」研究の観点から、フェイクニュースの操作的定義を検討しよう。メディア効果論が、メディアコミュニケーションの送り手から受け手に及ぼす影響に着目するのに対して、「利用と満足」研究はメディアコミュニケーションの受け手の能動性に着目し、受け手がどのようなニーズを充足するためにメディアを利用し

ているかを研究するアプローチである（Katz, 1959; Blumler and Katz, 1974; McQuail, 1997 など）。ソーシャルメディアなどインターネット上の様々なメディア利用行動を分析する枠組みにも「利用と満足」アプローチが取り入れられている（Park et. al, 2009; 小寺、2012 など）。

　ニュース利用行動に「利用と満足」アプローチを適用した先行研究によれば、ニュースを利用する動機として「環境監視」「逃避」「時間つぶし」「娯楽」「習慣」の5類型（Diddi and LaRose, 2006）や、「情報」「娯楽」「意見形成」「社交」の4類型（Lee, 2013）が報告されている。デビッド（David, 2009）は「監視」「興味」「社交的効用」の3類型のニュース利用動機が、テレビ・新聞のニュースへの接触やニュースへの関心に対してそれぞれ別の効果があり、ニュースからの政治的知識獲得に間接的に効果を及ぼしていることを示している。

　ここで注目するべきは、人々をニュース接触行動へとつき動かしている動機には、「環境監視」「情報」のようにニュースの事実性が重要なものだけではなく、「娯楽」「時間つぶし」「社交」など、ニュースの事実性があまり重要ではない動機も存在している点である。

　たとえば、環境監視動機でニュースに接触する人はニュースの内容が事実であることを強く求めるだろうが、娯楽目的でニュースに接触する人は、ニュースの事実性よりもストーリーとしての面白さを重視すると予想される（たとえば、有名人のスキャンダルが面白おかしく報道される「ニュース」を想像してほしい）。なお、娯楽動機に基づくニュース接触行動は、芸能・スポーツなどのジャンルに限定されるわけではない。政治や選挙関連のニュースでも人々が政局報道などに娯楽的要素を感じて接触することが考えられる。1990年代以降、日本でニュース番組がワイドショー的手法を取り入れる「報道番組のソフト化」が進んだことは（Taniguchi, 2007）、ニュースメディアが受け手の娯楽動機に対応しようとした取り組みであるともいえる。

　ニュースが事実か虚偽・誤りかという軸でフェイクニュースを分析することは、「人々は常にニュースに正しい情報を求める」「人々は常に誤ったニュースよりも正しいニュースを好む」という前提を置くことと同様である。しかしその前提は「利用と満足」研究の観点からは必ずしも正しいとはいえず、

人々のニュース利用行動の実態から乖離している。この問題を克服するためには、フェイクニュース研究にニュースの「受け手」の視点をよりいっそう取り入れることが必要と考える。

ニールセンとグレイブズ（Nielsen and Graves, 2017）の受け手調査は示唆的であるが、「あなたが信用しないニュースが（あなたにとっての）フェイクニュース」という、インタビュー参加者の発言の含意はあまり分析されていなかった。本章では、図5-1の横軸（ニュースの事実 ― 虚偽・誤り）ではなく縦軸（ニュースを信じる ― 信じない）、すなわち、ニュースを「虚偽・誤り（フェイク）と認知する ― 認知しない」という軸（フェイク認知）を分析の焦点とする。言い換えると、ニュースが事実か虚偽・誤りかの判断はあえて保留して、ニュースの受け手がニュースを「フェイク」と認知する現象の実態と、それに関連する要因を分析対象とする。

（4）リサーチクエスチョンと仮説

フェイク認知を分析の焦点に置くことで、「フェイクニュース」に関する新たなリサーチクエスチョンが得られる。5W2Hの切り口からフェイク認知を考えると、次の基本的なリサーチクエスチョンが挙げられるだろう。

RQ1：どの程度（比率・頻度）、ニュースがフェイク認知されているか（how much）

RQ2：どのような属性の受け手が、ニュースのフェイク認知をよく行っているか（who）

RQ3：どのメディアで、ニュースのフェイク認知がよく行われるか（where）

RQ4：どのような内容のニュースが、よくフェイク認知されるか（what）

フェイク認知がなぜ行われるか（why）、どのように行われるか（how）は問いの範囲が大きすぎるため、本章では一部のみ取り扱う。フェイク認知の時系列の変化（when）については調査手法上の制約から扱わない。

さらに、フェイクニュースに関する既存の調査結果や先行研究からも、基本

的仮説をいくつか設定することができる。

　海外のフェイクニュース事例ではツイッターやフェイスブックなどのソーシャルメディアがフェイクニュース拡散の主要チャンネルであると報告されている（平、2017など）。また、笹原らは人間の認知特性である確証バイアス（もともと持っている信念と合致する情報を求める一方で、信念と合致しない情報を避けようとする心理的傾向）（Nickerson, 1998など）と社会的影響（人の認知や態度、行動が他者からの影響を受けること）（Cialdini, 2007など）、およびソーシャルメディアの情報アーキテクチャが相互作用することで、エコーチェンバー（Sunstein, 2001=2003; 2017）が自然に発生する可能性があることをコンピュータシミュレーションによって示している（笹原、2018）。

　エコーチェンバーの中では集団が分極化して自分たちと異なる意見の人々とコミュニケーションすることが困難になるとされる。ソーシャルメディア上のニュースに接することで虚偽・誤情報への接触確率が高まる点、および自分たちと異なる意見に対して事実情報の非受容が生じる可能性が高まる点を考慮すると、次の仮説が導出される。

　H1：ソーシャルメディア上でニュースに接触している人ほど、ニュースを
　　　フェイク認知しやすい。

　ニールセンとグレイブズによる受け手のインタビュー調査（Nielsen and Graves, 2017）、およびロイターの調査レポート（Newman et. al, 2018）によれば、人々はセンセーショナリズムや偏向・歪曲報道を含むジャーナリズムに対する全般的な不信感を表明するために「フェイクニュース」の用語を用いることが多い。また、イーガーホッファーとレチェラーの「ラベルとしてのフェイクニュース」の概念からも、マスメディアへの信頼度が低いほど事実情報の非受容によるフェイク認知が生じやすいと考えられる（Egelhofer and Lecheler, 2019）。

　H2：マスメディアに対する信頼度が低い人ほど、ニュースをフェイク認知
　　　しやすい。

フェイク認知とニュースの内容については、アルコットとゲンツコウ（Allcott and Gentzkow, 2017）や陰謀論研究（Uscinski, Klofstad and Atkinson, 2016 など）の知見は、受け手の政治的先有傾向と合致するフェイクニュース・陰謀論ほど信じられやすいことを指摘している。たとえば 2016 年アメリカ大統領選挙では、民主党支持者はクリントン候補に有利なフェイクニュースを信じやすく、共和党支持者はトランプ候補に有利なフェイクニュースを信じやすい傾向があった。言い換えると、虚偽・誤情報の受容と事実情報の非受容のどちらも、受け手の政治的先有傾向と関連して生じやすくなるといえる。

H3：受け手の政治的先有傾向と整合的なニュースはフェイク認知されづらく、不整合なニュースはフェイク認知されやすい。

(5) 2017 年衆院選の概況

2017 年 9 月 28 日、安倍首相は衆議院を解散し、第 48 回衆院選の公示日は 10 月 10 日、投票日は 10 月 22 日と決められた。当時、安倍首相は加計学園・森友学園スキャンダルによってメディアや野党から激しく批判されていた。安倍首相が両学園理事長と私的なつながりがあったことから、安倍首相が大学新学部設置認可や国有地売却における行政プロセスが両学園の有利になるように影響力を行使したとされる疑惑である。

しかし、当時の野党の状況は自由民主党（以下、自民（党）と略記）よりもさらに悪かった。野党第 1 党の民進党は日本共産党（以下、共産（党）と略記）・自由党・社会民主党（以下、社民党と略記）と反自民で共闘していたが、共産党との連携は多くの民進党議員の反発と離党を招いた。結果、民進党は 9 月 28 日に小池百合子東京都知事の希望の党と合併したグループと 10 月 3 日に結成された立憲民主党のグループに分裂した。

希望の党は、小池党首が旧民進党議員の受け入れに際して、政策方針を共有しない議員を「排除」すると発言をしたことがメディアから批判を浴び、一時は「小池旋風」と呼ばれていたブームが急速に沈静化した。一方、立憲民主党は積極的にインターネットを駆使した選挙戦術を展開し、ツイッターの公式アカウントを開設した 3 日後には自民党（11 万フォロワー）を超える 14 万フォ

ロワーを獲得した。同党はまた、演説動画をユーチューブやツイッターを通じて拡散し、街頭演説に聴衆を動員した。

選挙の結果、自民党は衆議院で284議席の圧倒的多数を維持した。立憲民主党は選挙前の15議席から55議席へと大きく議席数を伸ばし野党第1党となる一方、希望の党は公示前の57議席から7議席を減らした。投票率は53.86%と戦後2番目に低い水準であった。

3. 方法

(1) 調査概要

衆院選直後の2017年10月23日から27日までの期間に、筆者は明治大学・清原聖子研究室と共同でオンラインアンケート調査を実施した(以下、「2017年衆院選調査」と略記)。調査対象者はインターネット調査会社のモニターから抽出された18歳から69歳までの男女計1,000名である。人口比の低い年齢層でも一定数の回答者数を確保するため、性別・年齢層別にほぼ同数のサンプルを割り当て (18〜19歳までは男女各100名、20代以降は年齢層ごとに男女各180名)、回収数が割り当てに達した時点で調査を終了した。

(2) 尺度

1) ニュースのフェイク認知

衆院選の公示日から投票日までの間 (10月10日〜10月22日) に、「候補者や政党についてのフェイクニュース (偽情報や事実かどうか疑わしい情報)」を何回くらい見たかという質問に対して、「まったくない」「1回」「2回」「3回」「4回以上」の中から回答を1つ選択させた。回答結果は分析の便宜上、それぞれ0〜4回と数値化された。

本設問では回答者が接触した「フェイクニュース」が事実か虚偽・誤りかを判別することはできないが、回答者が当該「フェイクニュース」を虚偽・誤りと認識したことは明らかである。つまり、本設問は回答者がニュースをフェイク認知した頻度を測定している。

2）フェイク認知したニュースの情報源

　ニュースのフェイク認知の設問で、1回以上フェイク認知した（「まったくない」以外を選択した）回答者に対して、そのニュース（複数見た場合は、最も印象に残っているもの）をどこで見たかを尋ね、「テレビ」「新聞」「Twitter」など11種類の情報源の中から、当てはまるものを複数選択させた。

3）フェイク認知したニュースの内容

　ニュースのフェイク認知の設問で「1回」〜「4回以上」と回答した人に対して、「あなたが見たフェイクニュース（偽情報や事実かどうか疑わしい情報）について、最も印象に残っている内容を教えてください」と指示し、フェイク認知したニュースの内容を自由記述[1]で回答させた。

　次に、自由記述回答（例：「小池さんが出馬を表明」）を定量的に分析するため、①ニュースの言及対象（自民党、野党、マスメディア、どれでもない、分類不能、の5カテゴリー）、②言及対象へのニュースの態度（肯定的、否定的、どちらでもない、分類不能、の4カテゴリー）についてアフターコーディングを行った。コーディングマニュアルに基づいて大学生2名にインストラクションを行い、自由記述回答からランダムに抽出した10回答をテストコーディングさせ、コーディング方法の理解度を確認した後で残りの回答をコーディングさせた。コーダー間信頼性（Cohen's κ）は、ニュースの言及対象については0.84で「ほとんど一致」、言及対象へのニュースの態度は0.71で「実質的に一致」と判断できる水準であった（Landis and Koch, 1977）。

4）選挙関連情報源への接触頻度

　「テレビニュース（民放）」「テレビニュース（NHK）」「新聞（インターネットは含みません）」「ポータルサイト（Yahoo!など）・ニュースサイト」「ニュースアプリ（LINE NEWSなど）」「友人・知人のソーシャルメディア（LINE、Twitter、Facebookなど）」「まとめサイト（Naverまとめ、2ちゃんねるまとめなど）」など、21種類の情報源について、衆院選の公示日から投票日までの間（10月10日〜10月22日）に選挙に関する情報に接触した頻度を、「ほぼ毎日」「週に数回」「選挙期間中に数回」「選挙期間中に1回」「まったく見ていない」からそれぞれ1つ選択させた。次に、回答結果は選挙期間中の接触

頻度に変換された（ほぼ毎日：13回、週に数回：4.6回、選挙期間中に数回：2.5回、選挙期間中に1回：1回、まったく見ていない：0回）。

5）ニュース情報源の信頼度

「テレビニュース（民放）」「テレビニュース（NHK）」「新聞」「ポータルサイト（Yahoo!など）・ニュースサイトのニュース」「ニュースアプリ（LINE NEWSなど）のニュース」「ソーシャルメディアで友達が共有（シェア・リツイート）したニュース」の6種類の情報源について、「以下の情報源で見たり聞いたりするニュースをどの程度信頼していますか」と尋ね、それぞれ回答を「信頼している」「やや信頼している」「どちらともいえない」「あまり信頼していない」「信頼していない」から1つ選択させ、回答結果は5～1点として得点化した。

6）政権支持・政党支持

政権支持は、「あなたは安倍内閣を支持していますか、支持しませんか」と質問し、「とても支持している」「支持している」「やや支持している」「どちらでもない」「あまり支持していない」「支持していない」「まったく支持していない」から回答を1つ選択させた。回答結果は7～1点として得点化した。

政党支持に関する質問では、2017年の衆院選で立候補者を立てた政党を提示し、それらの政党をふだん支持している度合いについて、「支持している」「やや支持している」「どちらでもない」「あまり支持していない」「支持していない」「政党名を知らない」からそれぞれ1つ選択させた。回答結果は「政党名を知らない」は無回答、「支持している」～「支持していない」はそれぞれ5～1点として得点化した。次に「ふだん最も支持している政党」の回答を、先に提示した政党および「支持政党なし」の中から1つ選択させた（以下、本文中の各政党を次のように略記する；立憲民主党：立憲、日本維新の会：維新、希望の党：希望）。

7）政治関心

「政治に関心がある」の質問に対して「そう思う」「ややそう思う」「どちらともいえない」「あまりそう思わない」「そう思わない」から1つ当てはまるものを選択させ、回答結果は5～1点として得点化した。

8) 回答者のデモグラフィック属性

　回答者の性別、年齢、学歴（中学校、高校、短大・高専・専門学校、大学、大学院）を尋ねた。学歴は教育年数に変換して分析に用いた（中学校：9年、高校：12年、短大・高専・専門学校：14年、大学：16年、大学院：18年）。

4. 結果

(1) ニュースのフェイク認知概況

　2017年衆院選調査で、衆院選の公示日から投票日までの間（10月10日〜10月22日）に、1回以上ニュースをフェイクと認知した回答者の比率は29.5％であった。同調査では性別・年齢層別にほぼ同数の回答者数を割り付けているため、調査サンプルの性別・年齢層の分布は日本の有権者の人口分布と異なる。そこで2017年10月1日時点での人口推計値の性別・年齢層比に基づいてウェイティングを行った後の認知率を掲載したものが図5-2であり、回答者全体のフェイク認知率は28.1％となる。もっとも、2017年衆院選調査の回答者はインターネット調査会社のモニターであり、日本の有権者を代表しているとは言えないため、本調査のフェイク認知率はあくまで参考値である。

　男女間でフェイク認知率が異なるが、ウェイティング前のデータに対してカ

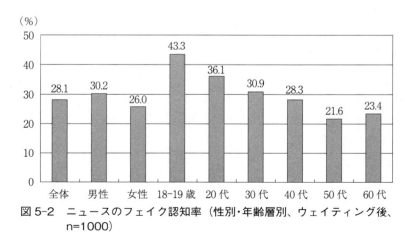

図5-2　ニュースのフェイク認知率（性別・年齢層別、ウェイティング後、n=1000）

表 5-1 ニュースのフェイク認知率（性別・年齢層別、ウェイティング前）

	全体	男性	女性	18-19歳	20代	30代	40代	50代	60代
認知率	29.5%	31.8% (1.6)	27.2% (-1.6)	42.0% (2.9)	36.1% (2.1)	31.1% (0.5)	28.3% (-0.4)	21.7% (-2.5)	23.3% (-2.0)
n	1000	500	500	100	180	180	180	180	180

※括弧内の数値は調整済み標準化残差。
　濃い（薄い）網かけは5％水準で有意にフェイク認知率が高い（低い）セル。

カイ二乗検定を行った表5-1からは統計的に意味のある差とはいえない（$x^2(1) = 2.54$, n.s.）。一方、年齢層によるフェイク認知率の差は1％水準で統計的に有意であり（$x^2(5) = 20.24$, p<0.01）、調整済み標準化残差を見ると、18〜19歳・20代ではフェイク認知率が有意に高く、50代・60代では有意に低い（調整済み標準化残差の絶対値が1.96より大きいセルの値は、他のセルの値との差が5％水準で有意である（両側検定））。

(2) ニュースのフェイク認知と情報源

　フェイク認知したニュースの情報源として選択された比率（複数回答）をメディアの種類別に示す（図5-3）。最も被選択率が高かったのはテレビであり、過半数の回答者が選択している。インターネット上の情報源ではポータル・ニュースサイト（23.4％）、ツイッター（20.3％）、まとめサイト（17.3％）の被選択率が高く、ニュースアプリ（8.5％）やフェイスブック（3.7％）、LINE（1.4％）の被選択率は低い。

　ニュースのフェイク認知と選挙関連情報源の利用頻度、信頼度との関連を調べるため、フェイク認知頻度を従属変数とする階層的重回帰分析を実施した（表5-2）。ステップ1では回答者のデモグラフィック属性（性別、年齢、教育年数を投入）、ステップ2では選挙関連情報源への接触頻度（図5-2を参考に、テレビ、新聞、ニュースサイト、ニュースアプリ、まとめサイト、友人・知人のソーシャルメディアを投入）、ステップ3ではニュース情報源の信頼度を独立変数として投入した。ステップ2、ステップ3の決定係数の増分はどちらも0.1％水準で統計的に有意であり、選挙関連情報源の利用頻度、ニュース情報

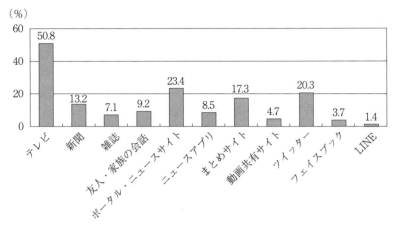

図 5-3　フェイク認知したニュースの情報源（n=295）

表 5-2　ニュースのフェイク認知頻度を従属変数とした階層的重回帰分析結果

	β		
	ステップ1	ステップ2	ステップ3
性別	-.072*	-.043	-.007
年齢	-.078*	-.047	-.050
教育年数	.018	-.001	.002
テレビニュース（NHK）		.045	.058
テレビニュース（民放）		-.056	-.017
新聞		-.008	.012
ニュースサイト		.106**	.091*
ニュースアプリ		.010	.021
まとめサイト		.118***	.101**
友人・知人のソーシャルメディア		.099**	.089**
信頼（テレビニュース・NHK）			-.094*
信頼（テレビニュース・民放）			-.148**
信頼（新聞）			.001
信頼（ニュースサイト）			-.014
信頼（ニュースアプリ）			-.003
信頼（友人・知人のソーシャルメディア）			.017
R^2	.012	.064	.111
ΔR^2		.052***	.047***

＊：p<0.05、＊＊：p<0.01、＊＊＊：p<0.001

源の信頼度は、どちらもフェイク認知頻度に対する説明力を有意に増加させている。

ステップ1ではフェイク認知頻度と性別・年齢との間に有意な負の関連があり、男性であるほど、年齢が若いほどフェイク認知頻度が高くなっている。ただしステップ2では属性との関連の有意性は消え、ニュースサイト、まとめサイト、ソーシャルメディア上の友人・知人からの選挙関連情報との接触が多くなるほどフェイク認知頻度も高くなっている。つまりステップ1で有意に見えたフェイク認知頻度と性別・年齢の間の関連は、メディア利用傾向の違いによる疑似的なものと解釈できる。ステップ3では有意に関連する選挙関連情報源はステップ2と変わらないが、テレビニュース（NHK、民放とも）に対する信頼との間に有意な負の関連が認められ、H2は支持された。また、ソーシャルメディア上の友人・知人からの選挙関連情報との接触頻度とフェイク認知頻度の有意な関連はステップ3でも残っており、H1も支持された。

(3) ニュースのフェイク認知と内閣・政党支持、政治関心

ニュースのフェイク認知は内閣・政党支持とどのように関連しているだろうか。安倍内閣と最も支持する政党としての被選択率が高かった上位5位の政党（自民、立憲、維新、希望、共産）への支持度とフェイク認知の関連を調べたものが表5-3、表5-4である。カイ二乗検定の結果は、フェイク認知と安倍内閣支持度との関連は0.1％水準で統計的に有意であった（$x^2(4) = 30.76$、$p<0.001$）。フェイク認知と自民（$x^2(4) = 29.32$、$p<0.001$）、維新（$x^2(4) = 11.72$、$p<0.05$）、希望（$x^2(4) = 13.00$、$p<0.05$）、立憲（$x^2(4) = 12.37$、$p<0.05$）の支持度との関連は有意だが、共産党支持度との関連は有意ではなかった（$x^2(4) = 5.42$、n.s.）。

各セルの調整済み標準化残差を見ると、内閣支持・政党支持とフェイク認知の関連が直線的ではないことがわかる。安倍内閣を「とても支持」「支持」する回答者はフェイク認知率が有意に高いが、フェイク認知率が有意に低いのは「不支持」ではなく「どちらでもない」の回答者である。同様に、自民・維新を「支持している」、または立憲・希望を「支持していない」回答者はフェイ

表 5-3　内閣支持度とニュースのフェイク認知率

	とても支持している	支持している	やや支持している	どちらでもない	あまり支持していない	支持していない	まったく支持していない
安倍内閣への支持	46.0% (3.0)	40.6% (3.5)	28.6% (-0.3)	17.5% (-4.2)	25.4% (-1.1)	26.3% (-0.7)	32.5% (1.0)
n	63	170	182	206	130	80	169

※括弧内の数値は調整済み標準化残差。
　濃い（薄い）網かけは5％水準で有意にフェイク認知率が高い（低い）セル。

表 5-4　政党支持度とニュースのフェイク認知率

	支持している	やや支持している	どちらでもない	あまり支持していない	支持していない
自由民主党	43.4% (175) 4.5	30.0% (267) 0.2	19.2% (219) -3.8	24.4% (123) -1.3	30.8% (211) 0.5
立憲民主党	25.0% (80) -1.0	27.7% (202) -0.8	24.8% (307) -2.4	36.9% (103) 1.6	35.8% (285) 2.6
日本維新の会	47.7% (44) 2.7	34.0% (153) 1.3	25.6% (336) -1.9	26.6% (154) -0.9	30.5% (302) 0.4
希望の党	28.6% (21) -0.1	30.4% (102) 0.2	21.4% (285) -3.5	33.9% (183) 1.5	33.0% (385) 2.0
日本共産党	47.4% (19) 1.8	25.4% (71) -0.8	26.1% (264) -1.3	29.0% (145) -0.1	30.9% (492) 1.1

※セル上段左側はフェイク認知率、右側括弧内の数値はセルのサンプルサイズ。セル下段の数値は調整済み標準化残差。濃い（薄い）網かけは5％水準で有意にフェイク認知率が高い（低い）セル。

ク認知率が有意に高いが、フェイク認知率が低いのは自民・立憲・希望に対して「どちらでもない」態度の回答者である。また、自民・維新への高い支持度が高いフェイク認知率と関連しているのに対して、立憲・希望への高い支持度はフェイク認知率と有意な関連がなく、むしろ低い支持度が高いフェイク認知率と関連している。

　内閣・政党に対して支持・不支持のどちらでもない回答者のフェイク認知率が低い一因として、政治に対する無関心が関連していると考えられる。そこで政治関心とニュースのフェイク認知率の関連を調べたものが表 5-5 である。

表 5-5　政治関心とニュースのフェイク認知率

	そう思う	ややそう思う	どちらともいえない	あまりそう思わない	そう思わない
政治に関心がある	40.4% (3.1)	35.9% (3.4)	21.2% (-3.0)	21.1% (-2.7)	22.7% (-1.5)
n	146	365	212	180	97

※括弧内の数値は調整済み標準化残差。
　濃い（薄い）網かけは5％水準で有意にフェイク認知率が高い（低い）セル。

政治関心が高い回答者のフェイク認知率が有意に高いのは予想通りだが、政治関心とフェイク認知の関係は直線的ではない。政治関心が「どちらともいえない」以下の政治関心低群では、政治関心の程度にかかわらずフェイク認知率はほぼ同じ低水準であり、政治関心が「ややそう思う」以上になると閾値を超えたようにフェイク認知率が一気に跳ね上がる。

(4) フェイク認知されたニュースの内容

「フェイクニュース」に1回以上接触した（フェイク認知した）回答者のうち、ニュース内容の自由記述設問に回答した人は198人、回答率は67.1％であった。198件のニュース内容をアフターコーディングした結果、ニュースの言及対象の内訳は、自民党：27.8％、野党：37.4％、マスメディア：6.6％、どれでもない：3.5％、分類不能：24.7％、言及対象の評価の内訳は、肯定的：9.1％、否定的：38.4％、どちらでもない：8.6％、分類不能：43.9％であった。分類不能の比率が高いのは、断片的・あいまいな内容の回答（例：「希望の党」「スキャンダル問題」）が多かったためである。

フェイク認知されたニュース内容の多くは、マスメディアで取り上げられた話題を「フェイク」と見なすものであった（例：「森友・加計問題」「小池党首の国政出馬」「立憲民主党のフォロワー数が多すぎること」「山尾議員の不倫疑惑」）。また、マスメディアを言及対象とするニュースは、マスメディアへの不信感を表明しているもの（例：「朝日新聞の記事」「TBSの偏向報道」）が大半であった。

ニュースの受け手の政治的先有傾向とフェイク認知との関連を調べるため、最も支持する政党としての被選択率が最も高い自民党（35.7％）への支持度によって回答者を2群に分類した（自民支持高群：「支持する」「やや支持する」、自民支持低群：それ以外の回答）。次に、フェイク認知されたニュース内容の回答結果から、分類不能の回答、比率が少ない回答（言及対象：マスメディア、どれでもない、評価：どちらでもない）を除き、ニュースの言及対象（2カテゴリー：自民、野党）と評価（2カテゴリー：肯定、否定）の組み合わせにより、ニュース内容を4群に分類した。

〈ニュース内容分類例〉
自民・肯定的：「安倍総理に関する皆の応援投稿が、疑わしい」
自民・否定的：「森友・加計問題」
野党・肯定的：「立憲民主党のフォロワー数が多すぎること」
野党・否定的：「山尾議員の不倫疑惑」

自民党支持度の高低と4群のニュース内容を組み合わせたクロス集計表が表5-6である。自民党支持度の高低によってフェイク認知したニュース内容の内訳は0.1％水準で有意に異なっている（$x^2(3)=29.15$、$p<0.001$）。自民支持高群の回答者は自民党に否定的なニュースや野党に肯定的なニュースをフェイクと認知し、自民支持低群の回答者の場合はその逆に、自民党に肯定的なニュースや野党に否定的なニュースをフェイクと認知する傾向があり、H3は

表5-6　自由民主党支持度とフェイクと認知したニュース内容

	自民・肯定的	自民・否定的	野党・肯定的	野党・否定的	計
自民支持高群 (n=53)	0.0% (-2.3)	56.6% (3.5)	22.6% (2.3)	20.8% (-4.4)	100%
自民支持低群 (n=30)	10.0% (2.3)	16.7% (-3.5)	3.3% (-2.3)	70.0% (4.4)	100%
計	3.6%	42.2%	15.7%	38.6%	100%

※括弧内の数値は調整済み標準化残差。
　濃い（薄い）網かけは5％水準で有意にフェイク認知率が高い（低い）セル。

支持された。

5. 考察

本章ではフェイクニュースの概念を再検討した。

フェイクニュースに関する先行研究では、フェイクニュースは基本的に虚偽・誤りの情報と定義され、ニュースの受け手が虚偽・誤情報を信頼すること（虚偽・誤情報の受容）が分析対象とされていた。

一方、本章では事実または虚偽・誤りのニュースに対して、「（そのニュースは）事実である／虚偽・誤りである」という認知が受け手によって適切に行われないこと、「虚偽・誤情報の受容」だけでなくトランプ支持者のリベラルニュースメディア批判に見られる「事実情報の非受容」も、分析されるべき「フェイクニュース」問題であると指摘した。第三者の目には事実と映るニュースでも、信用しない受け手にとっては「フェイクニュース」なのである。

そうした誤認知（Flynn et al., 2017 など）の要因としては、受け手の確証バイアスやメディア環境、政治的分極化など様々な要因が考えられる。本章では受け手の認知に着目し、2017年の衆院選調査データを用いて、受け手がどのようにニュースを「フェイクニュース」と認知したか（フェイク認知）、探索的な分析を行った。

次に、その問題意識に基づいて2017年衆院選調査データを用いて受け手がフェイクと認知したニュースの探索的分析を行った。

ここで分析結果を整理しておこう。2017年の衆院選の公示日から投票日までの間に、ある情報を「フェイクニュース」と認知した人は、2017年衆院選調査の回答者のうち約3割であった（RQ1）。フェイク認知した回答者の比率は、性別では有意差がなく、10・20代が高く、50・60代では低かった。ただし、年齢層別の差はメディア利用傾向の違いによるものと考えられる（RQ2）。フェイク認知した回答者は、過半数がテレビをその情報源として挙げていた。インターネット上の情報源の中ではポータルまたはニュースサイトを挙げる率が最も高く、ツイッターは約2割、まとめサイトがそれらに続いた（RQ3）。

ニュースをフェイクと認知した頻度を予測する階層的重回帰分析によれば、選挙関連情報としてポータルまたはニュースサイト、まとめサイト、友人・知人のソーシャルメディアの情報に頻繁に接触している人ほど（H1：支持）、テレビニュースへの信頼が低いほど（H2：支持）、フェイク認知頻度が有意に高くなっていた。

　フェイク認知したニュースの内容分析では、政党を対象としたものが約3分の2、対象への評価は否定的な内容が約4割であった。また、フェイク認知された内容の多くは、マスメディアで取り上げられた話題であった（RQ4）。自民党の支持度とフェイク認知したニュースの内容との関連では、回答者の政治的先有傾向と整合的なニュースはフェイク認知されづらく、政治的先有傾向と不整合なニュースがフェイク認知されやすい傾向が有意に認められた（H3：支持）。

　さらに、これらの結果から浮かび上がる疑問点についても考察を進めたい。第1に、フェイク認知されたニュースの情報源としてテレビが挙げられる率が高いにもかかわらず、フェイク認知頻度とテレビニュース接触頻度との間には有意な関連がないこと、一方でフェイク認知頻度とテレビニュースへの不信感が有意に関連しているという結果は、どのように解釈するとよいだろうか。

　小笠原（2012）は2007年の参議院議員選挙時に投稿された政治系ブログ記事の内容分析を行い、政治系ブログが情報源としてマスメディアに大きく依存しており、マスメディアの報道にブロガーの政治的意見を付与する形でブログ記事が書かれていることを見いだした。2017年の衆院選でも同様に、ソーシャルメディア上でオリジナルな「虚偽・誤」情報が作成され拡散されることよりも、マスメディアの報道に対してそれらを「虚偽・誤り」と見なす「意見」が付与された投稿がソーシャルメディア上で拡散されることが多かったと考えられる。フェイク認知されたニュース内容にマスメディアで取り上げられた話題が多かったことも、この解釈の傍証となる。

　第2に、フェイク認知頻度はポータルまたはニュースサイトへの接触頻度と正の関連があるが、ニュースアプリ接触頻度とは関連がないのはなぜだろうか。どちらもインターネット上で報道機関のニュースに接触できるサービスであり、

同一企業がサイトとアプリ双方を提供しているケースも少なくない（ヤフー、日本経済新聞社など）。ただしニュースアプリは最新ニュースを手軽にチェックする用途に焦点が当てられており[2]、関心のあるニュースの検索などそれ以外の用途ではポータルまたはニュースサイトが利用されている可能性がある。ニュースのフェイク認知はH3の検証結果から確証バイアスと関連していると考えられるため、特定のニュースを求めたり避けたりする能動的なニュース利用に適したポータルまたはニュースサイトの方が、フェイク認知に結び付きやすいと推測できる。

日本社会のフェイクニュースのリスクを検討すると、ニュースのフェイク認知が政治関心とおおむね正の関連があったこと（表5-5）、フェイク認知が回答者の政治的先有傾向と整合的であったこと（H3）から、人々の政治関心が高く意見が対立しやすい争点ではフェイク認知が起こりやすいと考えられる。2017年の衆院選は投票率も低く、人々の選挙への関心が高くなかったことがフェイク認知を生じさせにくくしていたとすれば、より賛否両論を呼ぶ論点（憲法改正など）では、フェイク認知が活発になる恐れがある。基地問題を巡って深刻な対立があった2018年の沖縄県知事選挙とそれに先立つ名護市長選挙では、選挙結果への影響は明らかではないがツイッターなどでデマが飛び交ったことが朝日新聞で報じられた（山岸・須藤、2018）。ファクトチェック・イニシアティブによれば、沖縄県知事選で13本の記事中の20件の言説についてファクトチェックが行われた結果、7件が誤りまたは偽情報または不正確と紹介されている（楊井、2018）。

なお、本章の調査・分析にはいくつか留意点がある。第1に、インターネット調査会社のモニターを対象とした調査データを用いており、サンプルの代表性を欠いているため、本章の分析から得られた知見の一般化は慎重に行われるべきである。第2に、フェイク認知されたニュースの内容が事実であるか虚偽・誤りであるかは本調査では調べていない。ニュースのフェイク認知を「事実情報の非受容」と「虚偽・誤情報の非受容」に判別することができれば、受け手の政治的先有傾向との関連についてさらなる分析が可能になる。第3に、ニュース利用の設問をさらに精緻化する必要がある。特に、2017年衆院

選調査には利用動機の設問がなく分析に使用できなかった。以後の研究では、ニュースの利用と満足やニュース利用端末の違いに配意して、ニュースの受け手の利用動機・利用実態を把握する必要がある。第4に、フェイク認知されたニュース内容を自由記述で回答させた本章の手法では、アフターコーディングが困難であるだけでなく、多くの分類不能回答が発生してしまった。より正確かつ効率的にニュース内容を把握・分析するための手法開発が必要である。

今後の研究の方向性に目を向けると、ニュースの受け手に着目することで、フェイクニュースについて新たな知見が得られる可能性がある。

日本のメディア環境はアメリカ・韓国・台湾などと比較すると、ソーシャルメディアの普及率が低く、ソーシャルメディアをニュース情報源として利用する率も低い。日本のマスメディアがあまり政治的に分極化しておらず信頼度が高いこともあって、人々はニュース情報についてマスメディアに大きく依存している（Ogasahara, 2018）。また、日本の選挙制度は予備選挙がないため有権者が政党の候補者選びに参加できず、選挙期間も短く、選挙運動に関する規制も多いため、候補者がソーシャルメディアを通じて有権者に働きかけるインターネット選挙運動が発展しづらい（Kiyohara, 2018）。

2017年の衆院選におけるニュースのフェイク認知で、テレビは話題を提供しそれらを「フェイク」と見なす意見付与をソーシャルメディアが担っていた——という「役割分担」が行われていたとすれば、それはニュース情報源や選挙活動のツールとしてソーシャルメディアが占める役割が比較的小さい、日本の選挙制度・メディア環境に由来していたのかもしれない。そうであれば、異なる選挙制度・メディア環境の下ではフェイク認知で異なる「役割分担」が成立していると考えられ、国際比較研究の糸口が得られる可能性がある。

「フェイクニュース」のように大きく複雑な問題には多様なアプローチがありうる。ニュースの「受け手」視点をよりいっそう導入することによって、「フェイクニュース」理解がさらに進展することを期待したい。

注

1) 自由記述回答の中には、ニュース内容だけでなくニュースに対する回答者の意見と判断できるものが含まれていた。そこで、コーディングでは前者と後者を区別し、前者のみを分析対象とした。たとえば、「安倍総理に関する皆の応援投稿が、疑わしい」については「安倍総理に関して皆が応援投稿をしていること」、「立憲民主党のフォロワー数が多すぎること」については「立憲民主党のフォロワー数が多いこと」をニュース内容、「疑わしい」「多すぎる」は回答者の意見と判断した。

2) ICT総研の調査（ICT総研, 2017）で2017年のニュースアプリ利用率の上位3位であった、ヤフーニュース・LINEニュース・スマートニュースのアップストア（App Store）内アプリ紹介ページに基づいて判断した。

 Yahoo! Japan「Yahoo!ニュース」App Store プレビュー。
 https://itunes.apple.com/jp/app/id407906756（2019年4月10日アクセス）
 LINE「LINE NEWS」App Store プレビュー。
 https://itunes.apple.com/jp/app/id669458941（2019年4月10日アクセス）
 SmartNews「スマートニュース」App Store プレビュー。
 https://itunes.apple.com/jp/app/id579581125（2019年4月10日アクセス）

参考文献

【外国語文献】

Allcott, Hunt and Matthew Gentzkow (2017) "Social media and fake news in the 2016 election," *Journal of economic perspectives,* 31, (2): 211-36.

Barthel, Michael, Amy Mitchell and Jesse Holcomb (2016) "Many Americans believe fake news is sowing confusion," *Pew Research Center* 15: 12. https://www.journalism.org/2016/12/15/many-americans-believe-fake-news-is-sowing-confusion/（2019年4月10日アクセス）

BBC (2019) "Maria Ressa: Head of Philippines news site Rappler arrested," February 13. https://www.bbc.com/news/world-asia-47225217（2019年4月10日アクセス）

Blumler, Jay G. and Elihu Katz (1974) *The uses of mass communications: Current perspectives on gratifications research*, 1974, Sage Publications, Inc.

Cialdini, Robert B. (2007) *Influence: The psychology of persuasion*, New York, Collins.（社会行動研究会訳（2014）『影響力の武器［第三版］なぜ、人は動かされるのか』誠信書房。）

David, C, C. (2009) "Learning Political Information From the News: A Closer Look at the Role of Motivation," *Journal of Communication*, 59, 243-261.

Davis, P. William (2018) "'Enemy of the People': Trump Breaks Out This Phrase During Moments of Peak Criticism," *New York Times*, July 19. https://www.nytimes.

com/2018/07/19/business/media/trump-media-enemy-of-the-people.html?action=click&module=RelatedCoverage&pgtype=Article&region=Footer（2019 年 4 月 10 日アクセス）

Diddi, Arvind and Robert LaRose (2006) "Getting hooked on news: Uses and gratifications and the formation of news habits among college students in an Internet environment," *Journal of Broadcasting & Electronic Media* 50, (2): 193-210.

Egelhofer, Jana Laura and Sophie Lecheler (2019) "Fake news as a two-dimensional phenomenon: a framework and research agenda," *Annals of the International Communication Association*, 1-20.

Flynn, D.J., Nyhan, B. and Reifler, J. (2017) "The nature and origins of misperceptions: Understanding false and unsupported beliefs about politics," *Political Psychology,* 38, pp.127-150.

Google (2019) "How Google Fights Disinformation," February. https://storage.googleapis.com/gweb-uniblog-publish-prod/documents/How_Google_Fights_Disinformation.pdf（2019 年 4 月 10 日アクセス）

Grynbaum, M. Michael (2018) "Crowds, Stoked by Trump's Rhetoric, Increase Their Ire Toward the Press," *New York Times*, August 1. https://www.nytimes.com/2018/08/01/business/media/trump-press-jim-acosta.html（2019 年 4 月 10 日アクセス）

Jones, M. Jeffrey (2018) "U.S. Media Trust Continues to Recover From 2016," *Gallup*, October 12. https://news.gallup.com/poll/243665/media-trust-continues-recover-2016-low.aspx（2019 年 4 月 10 日アクセス）

Katz, Elihu (1959) "Mass communication research and the study of popular culture: An editorial note on a possible future for this journal," *Studies in Public Communication*, 2, 1-6.

Kiyohara, Shoko (2018) "Comparing Institutional Factors that Influence Internet Campaigning in the U.S., Japan, South Korea, and Taiwan," In *Internet Election Campaigns in the United States, Japan, South Korea and Taiwan,* edited by Shoko Kiyohara, Kazuhiro Maeshima and Diana Owen, Cham: Palgrave Macmillan, 55-78.

Landis, J. Richard and Gary G. Koch (1977) "The measurement of observer agreement for categorical data," *biometrics*, 159-174.

Lee, Angela M. (2013) "News audiences revisited: Theorizing the link between audience motivations and news consumption," *Journal of Broadcasting & Electronic Media* 57, (3): 300-317.

McQuail, Denis (1997) *Audience analysis*, Sage.

Mitchell, A., Holcomb, J. and M. Bartel (2016) "Many Americans Believe Fake News Is Sowing Confusion," *Pew Research Center*, December 15. https://www.journalism.org/2016/12/15/many-americans-believe-fake-news-is-sowing-confusion/（2019 年 4 月 10 日アクセス）

Newman, Nic., Richard, Fletcher, Antonis, Kalogeropoulos, David Levy A. and Kleis R. Nielsen (2018) *Reuters Institute Digital News Report 2018*, Reuters Institute for the Study of Journalism.（2019年4月10日アクセス）

Nickerson, Raymond S. (1998) "Confirmation bias: A ubiquitous phenomenon in many guises," *Review of general psychology* 2, (2): 175-220.

Nielsen, Rasmus Kleis and Lucas Graves (2017) "News you don't believe: Audience perspectives on fake news," *Reuters Institute for the Study of Journalism, Oxford, Oct, 2017-10*. http://reutersinstitute.politics.ox.ac.uk/sites/default/files/2017-10/Nielsen&Graves_factsheet_1710v3_FINAL_download.pdf（2019年4月10日アクセス）

Ogasahara, Morihiro (2018) "Media Environments in the United States, Japan, South Korea, and Taiwan," In *Internet Election Campaigns in the United States, Japan, South Korea and Taiwan*, edited by Shoko Kiyohara, Kazuhiro Maeshima and Diana Owen, 79-114. Cham: Palgrave Macmillan.

Ogasahara, Morihiro and Shoko Kiyohara (2018) "Did Japanese voters change their passive attitude toward Internet election campaigns? The 2017 Japanese Lower House election," *IPP2018 Conference Papers*. http://blogs.oii.ox.ac.uk/policy/ipp-conference/papers/（2019年4月10日アクセス）

Park, Namsu, Kerk F. Kee and Sebastián Valenzuela (2009) "Being immersed in social networking environment: Facebook groups, uses and gratifications and social outcomes," *CyberPsychology & Behavior* 12, (6): 729-733.

Pennycook, Gordon, Tyrone D. Cannon and David. G. Rand (2018) "Prior Exposure Increases Perceived Accuracy of Fake News," *Journal of experimental psychology* : general.

Sunstein, Cass R. (2001) *Republic. com*. Princeton university press.（石川幸憲訳（2003）『インターネットは民主主義の敵か』毎日新聞社。）

Sunstein, Cass R. (2017) *# Republic: Divided democracy in the age of social media*, Princeton University Press.

Taniguchi, Masaki (2007) "Changing media, changing politics in Japan," *Japanese Journal of Political Science* 8, (1): 147-166.

Tandoc Jr., Edson C., Zheng Wei Lim and Richard Ling (2018) "Defining 'fake news' A typology of scholarly definitions," *Digital Journalism* 6, (2): 137-153.

Uscinski, Joseph E., Casey Klofstad and Matthew D. Atkinson (2016) "What drives conspiratorial beliefs? The role of informational cues and predispositions," *Political Research Quarterly* 69, (1): 57-71.

Vosoughi, S., Roy D. and S. Aral (2018) "The spread of true and false news online," *Science*, 359, 1146-1151.

Wardle, Claire (2017) "Fake news. It's complicated," *First Draft*, February 16. https://firstdraft-news.org/fake-news-complicated/（2019 年 4 月 10 日アクセス）

【邦語文献】

ICT 総研（2017）「2017 年 モバイルニュースアプリ市場動向調査」2017.3.3。https://ictr.co.jp/report/20170303.htm（2019 年 4 月 10 日アクセス）

楊井人文（2018）「沖縄知事選 ファクトチェックして分かったこと（下）一部の誤解を払拭するには」Yahoo!ニュース、2018.10.12。https://news.yahoo.co.jp/byline/yanaihitofumi/20181012-00099986/（2019 年 4 月 10 日アクセス）

小寺敦之（2012）「動画共有サイトの『利用と満足』——『YouTube』がテレビ等の既存メディア利用に与える影響——」『社会情報学会誌』16（1）、pp. 1-14。

笹原和俊（2018）『フェイクニュースを科学する——拡散するデマ、陰謀論、プロパガンダのしくみ』科学同人。

平和博（2017）『信じてはいけない——民主主義を壊すフェイクニュースの正体』朝日新聞出版。

林香里（2017）『メディア不信——何が問われているのか』岩波書店。

ファクトチェック・イニシアティブ（2017）「FIJ ファクトチェック 2017 総選挙プロジェクト」http://fij.info/archives/election2017（2019 年 4 月 10 日アクセス）

藤代裕之（2017）「視点：衆院選に見るフェイクニュース拡散の構図＝藤代裕之氏」Reuters, 2017.12.30。https://jp.reuters.com/article/2018-views-hiroyuki-fujishiro-idJPKBN1EF0VS（2019 年 4 月 10 日アクセス）

山岸一生・須藤龍也（2018）「選挙戦、ネットのデマ警戒 名護市長選では『日ハム撤退』拡散」『朝日新聞 聞蔵Ⅱビジュアル』2018.9.16。（2019 年 4 月 10 日アクセス）

謝辞

　本研究でデータを分析した 2017 年衆院選調査は、明治大学国際共同研究プロジェクト支援事業（研究代表者：清原聖子）の助成を受けて実施された。一次分析結果は Oxford Internet Institute 主催の The Internet, Policy & Politics Conference 2018 で発表され（Ogasahara and Kiyohara, 2018）、同発表でのコメント等を参考に大幅に改稿したものが本章である。調査実施、データ使用、改稿にあたっては明治大学の清原聖子准教授より多大なる尽力と示唆を賜った。ここに謝意を記したい。

　本研究は JSPS 科研費（基盤研究（C）課題番号 17K04179）の助成を受けたものである。

第6章

ウェブメディア運営者の視点から考察する
日本におけるフェイクニュース拡散の仕組み

奥山　晶二郎

はじめに

　政治目的や、ウェブサイトへのアクセス数を増やすためにデマや誤った情報を流すフェイクニュースは、既存のメディアに大きな影響を与えている[1]。本章は、筆者が新聞社の社員として体験してきた日本の新聞社のデジタル化の歩みから、日本におけるフェイクニュース拡散の構図について、その構造的な問題の起源と対策を考える。フェイクニュースの拡散につながる現在のデジタル空間における情報流通の仕組みを生み出した要因の一つには、新聞社など既存メディアのデジタル化の遅れがあった。

　筆者は2000年に朝日新聞に記者職として入社し、地方総局で記者をした後、福岡市にある西部本社の編集センターに配属された。編集センターでは、紙面のレイアウトや見出しの選定、紙面製作の工程管理などに携わった。取材、記事執筆、紙面編集、配達に至る紙の新聞に由来する仕事を編集の立場として一通り経験した後、当時、実施された社内公募に応じる形でデジタル部門への配属を希望し、東京本社のデジタル本部に移った。背景には、会社が進めるデジタル発信の強化があった。

　新聞協会の調査によると、日本の新聞の発行部数は2009年まで5千万台を保っていたのが、2018年には4,000万部を割っている（日本新聞協会、2019）。NHK放送文化研究所による「2015年 国民生活時間調査」の「新聞の行為者率」では、1995年に「国民全体」の52％が平日に新聞（電子版を含

む）を読んでいたのが、2015年には33%に減っている（NHK放送文化研究所、2016: 20）。

紙の新聞の購読者が減る中、インターネット上の情報に接する人は増加していった。同研究所が2005年から調査項目に加えた「趣味・娯楽・教養のインターネット」では、2005年にインターネットを利用していた「国民全体」の数字は13%だったのが、2015年は23%になっている。

筆者がデジタル部門に配属された2007年に担当したのが、現在の「朝日新聞デジタル」の前身である「asahi.com」の編集だった。当時は、デジタル用に執筆される記事はほとんどなく、紙面用に書かれた記事のテキストをそのままウェブ上に配信していた。

社内公募で配属された立場で関わったのがデジタル向けの記事の取材執筆だった。当時の編集局は紙面の締め切りである朝刊と夕刊の降版時間を中心に業務が組み立てられていたため、サイトへの訪問者が最も多い正午前後に、配信する記事が少ないという問題が生じていた。その問題を解消するため、紙面には載らないデジタル用の記事を書く記者が求められていた。言い換えるなら、筆者の転属は、紙面の記事を書く記者がデジタルのことを考えていなかったことの裏返しとも言える人員配置だった。

筆者がデジタル部門に配属された当時は、記事の読まれ方を計測するツールも、単純なページビュー（以下、PVと略記）だけが見られるものを使用しており、流入経路や滞在時間など、現在では基本的な指標とされている数値は現場で把握していなかった。数字を見ることができるのはデジタル部門の人間だけで、現場の記者はもちろんデスクであっても結果を共有することはなく、紙面とデジタルが別々の商品をそれぞれの部署で作っている状況だった。2,000人以上の記者が最大40ページ近くの紙面を毎日作るのに対し、デジタル部門は多くても10人程度の人数でシフト勤務を回しており、紙とデジタルの規模の差は歴然だった。

そんな新聞社の環境に大きな影響を与えたのが有料化の波だった。

2010年3月、日本経済新聞が全国紙として初めて一般ユーザー向けの有料版の販売を始めた。ニュースを巡る環境がデジタルに移行する中、朝日新聞も

有料化を進め、2011年5月、現在の「朝日新聞デジタル」が生まれた。

　このころから先行する全国紙2紙をはじめ、国内の新聞社もデジタル化へと舵を切り始めた。そこにはビジネス的な要請だけでなく、報道機関として向き合った東日本大震災の存在もあった。

　2011年3月に起きた東日本大震災は、国内ではインターネットが本格的に普及した後に起きた初めての大災害だった。紙面の配達に影響が出る中、災害報道の場面では、ツイッターなどソーシャルメディアでの発信や、グーグルなどインターネット事業者が安否確認サービスを提供するなどの動きが生まれた。報道機関もツイッターを使い、交通や避難所に関する情報、食料、給水、帰宅困難者などについて新聞紙面の締め切り時間に縛られることなく発信した。

　東日本大震災は、新しい発信手段を現場の記者が積極的に活用するきっかけとなったのと同時に、ツイッターやチェーンメールを通じて誤った情報が飛び交うことにもなった。

　コスモ石油千葉製油所（千葉県市原市）のガスタンク爆発事故では、ニュースや映像が報道されると、「有害物質を含んだ黒い雨が降る」といった、根拠が不確かな誤った情報が広がった。「黒い雨」の流言ツイートは3月11日午後4時ごろに拡散され始め、時間を追うごとに、推定から伝聞、断定口調、さらにインサイダーからの密告といった形に変化していった。結局、翌3月12日午後2時30分ごろ、コスモ石油が自社の公式ホームページで否定したことにより沈静化した（朝日新聞、2016.3.3）。

　無料広告モデルから有料課金モデルへの転換という時期に起きた東日本大震災は、後のフェイクニュースにつながる誤情報の拡散が顕在化するきっかけにもなった。一方、デジタル部門において日々の記事を編集し発信する現場では、新聞各社がデジタルへ注力すればするほど、紙面の存在感の大きさを再確認する場面も生まれていた。

　有料化に踏み切ったとはいえ、日本の新聞社には、再販制度や戸別宅配という紙を前提にしたビジネスモデルが強固に残っており、デジタル化が進む現在においても、紙は無視できない存在であることに当時も今も変わりはない。朝

刊の発行部数が610万部なのに対し、朝日新聞デジタルの有料会員数は30万人となっている。読者の年齢は高く、「2015年 国民生活時間調査」における「新聞の行為者率」を見ると、70歳以上が59％なのに対し、30代は11％、20代は6％となっている。

　そもそも「asahi.com」が生まれたのは1995年である。現在、日本で最大のニュースサービスの一つとなっている「ヤフーニュース」を運営するヤフーの誕生が1996年であり、1年早くスタートしていた。しかし、その後のデジタル化への遅れは、ヤフーのような既存のメディア以外のニュースサービスの成長を促すことになった。結果、「朝日新聞デジタル」の月間PVが約2億5,000万PVであるのに対し（朝日新聞デジタルweb広告ガイド、2019）、ヤフーニュースは約150億PVと、大きな差がついている（Yahoo!ニュース、2016.10.5）。

1. メディアが目指したデジタル上のパッケージ

　ヤフーニュースのような既存メディア以外が手がけるニュースサービスの伸長がもたらしたのは、既存メディア側が編集してきたパッケージの解体だった。

　筆者は無料サービスだった「asahi.com」から有料版の「朝日新聞デジタル」の立ち上げにも関わった。そこで経験したのは、iPad（アイパッド）に代表されるタブレット端末を意識した新しい新聞の形、デジタル時代のパッケージへの模索だった。

　初代のiPadが発売されたのは2010年4月であるが、発売初日で30万台が売れる中、注目されていたのが電子書籍などのコンテンツ群だった（朝日新聞、2010.4.6）。週刊誌や新聞などをタブレット端末で読む新しい生活習慣が生まれ始めていたことを受け、2011年5月に生まれた「朝日新聞デジタル」でも、タブレット上での読まれ方を意識し、新サービスを紹介する特設紙面ではiPad版のアプリが登場している。

　「朝日新聞デジタル」のiPad版アプリなどで目指したのは、デジタル時代に

おける新たなパッケージ商品だった。従来の1面や社会面などは、アプリのために、デジタルに最適な形で再編集された。ポータルサイト経由で読んでもらう1本の記事単位で終わるのではなく、毎朝、毎夕、ユーザーにアプリを立ち上げてもらう商品設計だった。

しかし、デジタル上で目指した独自パッケージは、2012年の「紙面ビューアー機能」の導入によって終了する。

物理的制限のある紙面において、様々な記事を集める編集という作業を通じて、新聞社は読者にセレンディピティ（serendipity）と呼ばれる偶然の出会いを商品価値として提供してきた。たとえば、元号「令和」が発表された翌日の紙面は元号関連の記事が多くを占めたが、朝日新聞（朝刊）では第2社会面（最終ページを見開いた右側の紙面）には、沖縄県宜野湾市にある米軍普天間飛行場に所属するオスプレイが、大阪（伊丹）空港に緊急着陸した記事が掲載されている[2]。元号とオスプレイの緊急着陸とは直接の関係はないが、新聞社が元号に準じるニュースとして価値判断し、読者は4月1日に起きた主要な出来事の一つとして、情報を得ることができる。

新聞の価値は取材・執筆と編集の両方によって成り立っている。新たな事実を発掘したり、論考の形で意見を示したりするのが取材・執筆なら、編集は膨大なニュースの中から、価値あるものを選び出し、整理して読みやすくまとめる機能と言える。紙面というパッケージは、紙の世界においては、セレンディピティを形にする最も効果的な器だった。その器を届ける手段を宅配という形で独占していたのが旧来の新聞社の強さだった。

新聞社から発信と宅配の希少性を奪ったのがインターネットだった。ビジネス面での影響もさることながら、フェイクニュースにつながる、誤情報やデマの拡散を生む土壌は、インターネットの登場によって生じたセレンディピティの喪失と切っても切り離せない。

セレンディピティを阻む最も大きな要因の一つが個人化だ。多くのネットサービスは、個人の趣味・趣向に合った情報を届けることに注力している。閲覧履歴を蓄積し、ユーザーが欲しいと思うものを予測し、受け皿をあらかじめ用意する。ネット上の多くのサービスにとって、個人化を進めることはサービ

スの満足度を上げることにつながっている。逆にアルゴリズムに支配された世界において、セレンディピティのような予測できない効果は、サービスの満足度を毀損する存在になりかねない。

　知りたいものがはっきりしていたり、緊急時の情報を求めていたりする場合なら、アルゴリズムによる情報選択の最適化は歓迎されるだろう。一方で、個人化の行き過ぎは自分が好む情報ばかりに囲まれる「フィルターバブル」と呼ばれる状況を生み出しやすくなる。旧来のメディアが維持してきたパッケージに代わる手段が十分に用意されないまま、インターネット上で個人化が過度に進む状況は、社会全体で受け止めるべき情報を届ける手段の選択肢を狭めていると言える。

　旧来のメディアが築いてきたパッケージの解体は、記事が読者に届くまでに、メディア以外の事業者が関わるという、情報流通における変化も意味している。

　新聞紙の場合、記者が取材をして書いた記事を編集者が編集し紙面化をした後、自社の輪転機で印刷し、刷り上がった大量の紙面を販売店から即日配達している。印刷には巨大な輪転機という設備投資が必要で、宅配には全国に張り巡らせた宅配網とそれを統括する拠点が不可欠であり、新規の参入が難しいビジネスモデルがあった。

　そんな製造と流通の状況を一変させたのがインターネットだった。製造の面では、輪転機で印刷をしなくても、ブログサービスやSNSで自分の記事を形にすることが可能になった。流通の面では、販売店による宅配網がなくても、ネット上の発信力があれば、新聞紙の購読者以上の人に情報を届けることも不可能ではなくなった。さらに、紙面しかなかった時代に比べて、記事への反応がメールやSNS経由で直接届くようになったり、大量のデータを使ったデータジャーナリズムのような新たな取材手法が生まれたりしている。

　報道の新しい可能性が開けた一方で、メディアにとって情報流通が自らの手を離れたことは、ネット上で従来通りの存在感を維持できなくなる結果をもたらした。

2. ニュースプラットフォームの存在感

　デジタルにおける新しいパッケージが生まれなかったこともあり、「朝日新聞デジタル」とポータルサイトとの連携は強まっていった。2012年10月、朝日新聞はこれまで記事を提供していなかったヤフーニュースでの配信を始めた。

　インターネット技術によって生まれたポータルサイトの存在は、新聞社のようなメディアにとっては、これまで出会う可能性がなかったかもしれない読者との接点を増やすことにつながった。PVで比べると数十倍の発信力を持つポータルサイトは、1本の記事が紙の時代とは比べものにならない規模で影響を与える可能性を生んだ。そして、同時にメディアによるニュースプラットフォーム依存という構図を生み出した。

　日本は世界的に見てもニュースプラットフォームの存在感が大きい。主なプラットフォームとしてはヤフーニュース・LINEニュース・スマートニュースなどがあり、各社とも、メディアと契約を結んだ上で記事の提供を受け、自社サービスのユーザーにとって最適化された形で届けている。

　ヤフーニュースは2019年3月現在、約350社500メディアから1日約5,000本のニュース配信を受けている（ヤフー株式会社プレスリリース、2019.3.6）。朝日新聞が単独で配信する記事本数は、その10分の1にも満たない。記事の本数が多ければ、ユーザーの興味関心に応える幅が広がり、サービスとしての満足度を高めることができる。ロイターによる2017年の「デジタルニュースレポート（Digital News Report）」では、日本において利用しているオンラインニュースサービスとして53％がヤフーニュースと回答している。これは、2位のNHKニュース・オンライン（NHK news online）は23％なので、その倍以上の数字となっている。アメリカでは1位が同じヤフーニュースだったもののその割合は25％で、2位はハフィントンポストで24％、3位はCNN.comで22％、4位はフォックスニュース・オンライン（Fox News online）の20％まで、メディアのサイトが20％台で並んでいる（Reuters

Institute for the Study of Journalism. 2017）。

　筆者をはじめ、多くのウェブメディア運営者は、数あるニュースプラットフォームの中でも、その発信力の大きさからヤフーニュース上での記事の露出に注力している。ヤフーニュースはヤフージャパン（Yahoo! JAPAN）が運営する国内大手の検索サービスヤフーのトップページの中心に配置され、主要なサービスの一つとして位置付けられている。国内最大規模のニュースサービスとなっているヤフーニュースの仕組みからは、ニュースプラットフォームにおけるニュースの広がり方の特徴が見えてくる。

3. ウェブメディア編集者が気にするヤフーニュース

　ヤフーニュースには「ヤフートピックス」と「アクセスランキング」という2つの露出領域がある。「ヤフートピックス」は、ヤフージャパンが契約しているメディアから届く記事を社内の編集者が選んでトップページに編成する。「アクセスランキング」は、ユーザーの読まれ具合によって上位の記事が表示される。どちらも、トップページの目立つ場所に記事の見出しが表示されるため、大きなアクセスが期待できる。逆を言うと、トップページに露出されず、記事が読まれる導線がないコンテンツは、ほとんどビューが増えないのがウェブの特徴でもある。

　「ヤフートピックス」はメディアが配信した記事をそのまま掲出しているわけではない。1つのテーマで複数の記事をまとめたトピックスを、ヤフージャパンの編集者が作成するという形を取っている。通常は、最新ニュースを中心に過去のニュースや用語解説などを関連記事として追加して1つのトピックスを作る。トピックスは1日100本程度作られる。ヤフーニュースとして重要だと判断したニュースの形という意味では、新聞紙面における1面や社会面のような位置付けと言える。「ヤフートピックス」に採用されるとヤフーおよびヤフーニュースのトップページに掲出されるため、多くのビューを集めることができる。「ヤフートピックス」に付けられる13文字の見出しの編集権限はメディア側にはなく、ヤフージャパンの編集者が付けている。13文字の

第6章　ウェブメディア運営者の視点から考察する日本におけるフェイクニュース拡散の仕組み　159

見出しはユーザーが最初に目にするものだが、記事そのものの見出しという位置付けではなく、あくまで複数の記事をまとめた「トピックス」の見出しとして付けられている。

　この「トピックス」という形態は、ヤフージャパンの立ち位置と関係している。ヤフーニュースは、ニュースという名称を冠してはいるが、厳密にはメディアではない。あくまで契約している様々なメディアのニュースを表示させる場所であり、自ら発信はしない「プラットフォーム」という立場を取っている。万が一、誤情報などが発信された場合は、プロバイダー責任制限法において発信者の情報開示を請求できるが、あくまで権利侵害を主張する人が行動を起こす必要があり、手続きも煩雑だ。法律が主に想定するのは、掲示板などの場所を提供しているサービスであることから、メディアとしてのニュースプラットフォームの責任は問いにくい（朝日新聞、2017.8.17）。自分たちで取材をしていない以上、責任の範囲には限界があるものの、ニュースプラットフォームがメディアか否かという議論は、誤った記事が掲載されるたびに問題化している。メディアから提供された記事に重大な誤りがあった場合、ヤフージャパンとして、プロバイダー責任制限法の範囲を超えた対応をしたこともある。2018年2月、産経新聞が沖縄で起きた交通事故を巡り、米兵が「日本人を救出した」と報じた2017年12月の記事を削除し謝罪した問題では、ヤフージャパンとしてもおわびの文章をサイト上に掲載している（朝日新聞、2018.3.6）。このようにしてできる「ヤフートピックス」は、各ジャンル8本の記事で構成されているが、リアルタイムでラインナップが変わるため、ユーザーが発信元であるメディアを意識することは難しい。

　ウェブメディア運営者にとって、もう一つ重要な要素がヤフーニュースの「アクセスランキング」という項目だ。全記事のランキングである総合のほか、ジャンルごとに国内、国際、経済、エンタメ、スポーツ、IT、科学、ライフ、地域、写真、映像、雑誌、個人、コメントといった14分野について順位を表示している。それらのジャンルごとのランキングの一部はトップページの目立つ場所に掲出される。人間の編集者が選ぶ「ヤフートピックス」と違い、自動的に表示される「アクセスランキング」では、性犯罪にまつわる事件や、芸能

人のスキャンダルなど、ユーザーの率直な興味関心に即した話題が浮上しやすい。ウェブメディア運営者にとっては、ヤフージャパンの編集者による選択という変数がある「ヤフートピックス」に比べて、「アクセスランキング」の方が計画的にトップページに露出できる面がある。したがって「アクセスランキング」は、メディアの編集方針によっては、数字を狙うためにあえて過激な言葉を使った見出しを記事に付けるなど、ニュースの信頼性を損なう方策につながりかねない場所にもなっている。

　ヤフーニュースとしては、編集者の視点を持った「ヤフートピックス」とユーザーの興味関心を尊重させる「アクセスランキング」を共存させることで、サービス全体としてのバランスを保っている。加えて、ユーザーが関心のあるテーマや都道府県を設定できる機能があり、個人の趣味・趣向の受け皿も用意されている。

4. ニュースプラットフォームが成長した理由

　既存メディアの運営者として見落としてはならないのは、ヤフーニュースをはじめとするインターネットサービス事業者によるニュースプラットフォームが、既存メディアが展開する自社サイトに比べて、圧倒的に使いやすく、ユーザーのニーズを汲み取っているという事実である。

　ヤフーニュース以外にも、スマートフォンのアプリに特化したスマートニュースは、アルゴリズムによって、ユーザーが関心のあるニュースを選んで提供している。主要なジャンルに加えて、メディアごとのチャンネルが設定できるようになっており、車やスポーツ、地域などとともに、指定したメディアの記事だけが集まる「タブ」と呼ばれるページを設定することができる。記事の並び方などは、アルゴリズムに制御されるものの、メディアのパッケージはある程度再現される。

　LINEニュースは、メッセージアプリ「LINE」の付属機能として位置付けられている。国内で7,900万人が使う圧倒的なシェアを誇る「LINE」アプリ内で展開できる優位性が特徴となっている（LINE株式会社、20191.31）。

LINEニュースにはヤフーニュースと同じように社内の編集者が編成をする「ニュースタブ」がある。加えてメディアごとにチャンネルを設定することもでき、特定メディアの記事だけを集めた「ニュースダイジェスト」という機能も用意されている。「ニュースダイジェスト」においては、記事の選択もメディアに委ねられている。

　ニュースプラットフォームを運営するインターネットサービス事業者は、記事制作にも乗り出している。ヤフーニュースには「ヤフーニュース特集」というサービスがあり、既存のメディアと連携したり、フリーライターに発注したりする形でヤフージャパンによる記事を定期的に発信している。「ヤフーニュース特集」のコンテンツにおいては、ヤフージャパンはプラットフォームではなくメディアになっていると言える。LINEニュースも、社内のライターがインタビュー記事などを取材、執筆して、自社のサービス上で発信している。

　既存のメディアが、紙の伝え方の延長でインターネット上のサービスを展開している間に、膨大な数のメディアを束ねる形で発展したヤフーニュースがユーザーを集めたのは必然だったとも言える。加えて上記のようにパッケージとしての価値や、自社制作の記事など、プラットフォームとしての役割を超えてニュースサービスとしても進化を続けている。

　その結果、ユーザーがニュースを最初に知るのは、メディアの自社サイトやアプリではなく、ニュースプラットフォームとなり、あたかもメディアのような存在として受け止められる事態が生まれている。

　ニュースプラットフォームにおいては、メディアの価値が1本の記事単位に分断されてしまう。1本の記事であっても、大きなスクープなどであれば、メディアの価値を形にすることはできる。しかし、1本の記事だけで影響力を発揮できる機会はそれほど多くない。

　ポータルサイトが伸長した背景として、日本の新聞社の「横並び体質」も見逃せない。もともと、駅売りではなく戸別宅配制度によって、直接、月単位の契約で紙面が届く体制だった日本の新聞社の編集現場では、他紙と同じ情報を押さえることへのこだわりが強い。現場の記者にとっては、他社にスクープを報じられる「特ダネ」よりも、自社だけが載っていない「特落ち」と呼ばれる

状況の方が深刻だった。他紙とほぼ同じ記事が載っている紙面がビジネスとして成り立っていたのは、印刷と流通における参入障壁の高さだった。税制上、優遇されている報道機関の設備が社会の共有財産である以上、編集において公共性は意識せざるをえない面もあったが、それは1つの世帯が契約しているのはたいてい1紙だけだという前提の上で成り立っている構図でもあった。そうした紙の世界に、ニュースプラットフォームが現れ、一気に情報流通の支配権を握ったのである。総務省の「情報通信メディアの利用時間と情報行動に関する調査」では「テキスト系ニュースサービス」の利用（全年代）においても、「紙の新聞」（53.8％）を「ポータルサイトによるニュース配信」（62.3％）が上回っている（総務省情報通信政策研究所、2018.7：71）。

2018年のインターネット広告が前年比16.5％増の1兆7,589億円だったのに対し、新聞は販売部数やページ数が減ったことから7.1％減の4,784億円だった（図6-1）。経営的な厳しさからインターネットに注力するものの、ニュースプラットフォームが作った情報流通に縛られている現状がある。ニュースプラットフォーム側も、自社制作のコンテンツなどを通じて、メディア的な機能を果たそうとしているが、多様な言論を維持する環境は失われつつあるのが実情だ。

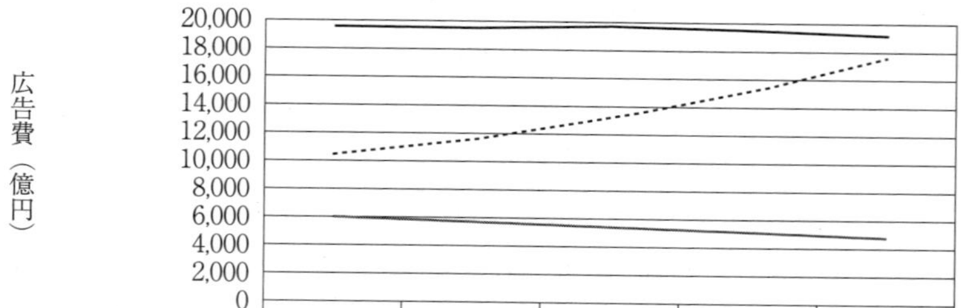

広告費（億円）

	2014年	2015年	2016年	2017年	2018年
── 新聞	6,057	5,679	5,431	5,147	4,784
── テレビ	19,564	19,323	19,657	19,478	19,123
‥‥ インターネット	10,519	11,594	13,100	15,094	17,589

図6-1　日本の広告費の推移
（出所：電通「日本の広告費」（2014～2018年）より作成）

日本におけるフェイクニュース対策においては、メディア単独の取り組みでは限界があり、ニュースプラットフォームを巻き込んだ取り組みが求められる状態になっている。

5. デジタル空間における流通の難しさ

ニュースプラットフォームの存在感が大きくなることで、コンテンツの価値がプラットフォームの流通に適しているか否かで判断されかねない状況も生まれている。その一つが、大きなテーマのニュースに合わせて新聞社が手がける「リッチコンテンツ」と呼ばれるページだ。

筆者は2012年3月、首都大学東京の渡邉英徳准教授（現 東京大学教授）の研究室などの協力で、デジタル上の地球儀「グーグルアース」上に東日本大震災の被災者が語った証言を、実際に被災した場所の緯度経度に表示させるコンテンツ「東日本大震災アーカイブ」の制作に携わった[3]。紙面ではマス目上に配置するしかなかった100人を超す証言が、特設ページ上では、デジタル上の地球儀の縮尺や視点を変えながら読むことができる。沿岸部の地形の上に表示された津波の証言や、原発近くに浮かび上がる避難の証言を読むことで、紙面では難しい体験を提供している。一方、このコンテンツをヤフーニュースなどニュースプラットフォーム上で体験することはできない。ヤフーニュースの場合、シンプルなテキストと写真の組み合わせだけでしか発信できない。準備に時間をかけて凝った作りにすればするほど、最も多くの人の目に触れるポータルサイトで流通させにくいという状況が生まれてしまうのである。

紙面の場合なら、最も目立つ1面の編集権は新聞社側にある。社内の価値判断の合意を経て、多くの読者の目に触れる場所への露出をメディア自らの判断で実施できた。あるいは1面以外の面に配置することで、相対的な価値判断を読者に伝えたり、載せるべきではないと判断した情報を自社のパッケージから除外したりすることもできた。完成した紙面を届けるまでの流通を自社の管理下に置くことは、ニュースの価値判断を外部の干渉を受けずに形にすることを意味していた。

農産物にたとえるなら、紙面の流通は、畑の隣に直売所を設けそこで販売しているようなものだった。それが、インターネット上では、直売所に来るより様々な商品が並ぶスーパー、あるいはコンビニで消費者が買うようになる。直売所なら、どんな形の商品であっても消費者に届けることができた。販売の担い手が作り手である農家の手を離れたことで、コンビニの小さな棚に入らない商品は、そもそも流通させること自体が難しくなった。

　筆者が関わった「東日本大震災アーカイブ」のように、インターネット上のコンビニの棚であるポータルサイトに収まりにくい形の商品は、制作側がどれだけ費用をかけたとしても、それに応じた効果を得にくくなっている。発信者側は、クリックされる記事を意識せざるをえない状況になっており、数字を上げるため徹底的にポータルサイトに対応した結果、ユーザーの信頼を失った事例も生まれている。

　2016年12月、東証一部上場企業でプロ野球団も持つDeNA社が運営する医療情報サイト「ウェルク（WELQ）」が閉鎖された。ウェルクでは、検索結果の上位に自社の記事を入れるため、大量のコンテンツを制作する中で、誤った医療情報を発信していたことが問題視された（朝日新聞、2017.5.13）。

　ウェルクのような問題が起きた背景には、ビュー数に応じて広告料収入が入るインターネットの仕組みがある。SEO（サーチ・エンジン・オプティミゼーション：Search Engine Optimization）と呼ばれる技術を駆使して、検索サービス上で上位に表示させることは、そのまま広告収入に結び付く。特定の単語で常に目立つ場所を獲得できれば、運営側は流通のコストをかけずに多くのビューを定期的に得ることができる。

　グーグルなど検索サービスの運営会社は、検索画面に入力された単語と表示結果の関連性をマッチングさせることで多くのユーザーを獲得してきた。他サイトからどれだけリンクが張られているか、ユーザーがどのくらい時間を過ごしたかなど、様々な要素を組み合わせて検索結果のアルゴリズムを構築している。表示の仕組みがわかれば意図的な操作が生まれかねないのでブラックボックスになっているが、ウェルクの場合、アルゴリズムの隙を突く形で、営利目的のために誤った情報が拡散する結果となった。

6. SNSの「ねじれ」現象

　DeNA社の場合は、法人でかつ上場企業ということもあり、問題の発覚とサービス閉鎖という対応が比較的迅速に進んだが、個人による誤情報の拡散の場合、責任の所在があいまいになり、訂正した情報を広めにくくなる。

　2016年のアメリカ大統領選挙では、民主党クリントン候補陣営の信用を落とす情報が意図的に流された。捏造された情報の発信元は共和党トランプの陣営ではなくマケドニアの若者たちで、政治的な意図はなく、ビューに応じた広告収入を狙ったものだった。情報拡散の舞台となったのがフェイスブックだった。

　フェイスブックに代表されるSNS上では、1日では読みきれない膨大な量の情報が毎日、生まれている。そのため、SNSの運営会社は表示させる情報に優先順位を付ける。その際、参考にされるのが、そのユーザーがこれまでどのような情報に触れてきたかのデータだ。ユーザーの行動履歴をもとにしている以上、SNSサービスで表示される情報は、ユーザーの属性の延長にあるものが並ぶことになる。

　メディアにとって、個人の発信が主体であるSNSは、ニュースプラットフォーム以上に不確定要素が多い。ツイッターのアカウントなら数分で開設できるため、情報発信が容易で、誤った情報を他のユーザーが拡散してしまう流れが起きやすい。さらに誤情報の方が正しい情報より拡散されやすい特徴を持っている。マサチューセッツ工科大学（MIT）のチームが英語で発信されたニュースについてのツイート450万件調べたところ、誤情報は、正しい情報に比べて10回リツイートされるまでの時間が20倍早かったという。理由についてチームは誤情報の方が目新しいと感じることなどを挙げている（Vosoughi, Roy and Aral ,2018）。

　SNS上での記事の流通が、フェイクニュースを生む土壌になりうる要因として、ニュースと個人の考えや日常の出来事の投稿が同じ扱いで受け止められる、情報のフラット化と呼ばれる現象が挙げられる。

SNSにおいて、発信者と受信者は旧来の新聞と読者、テレビと視聴者のように「1対多」の関係ではなく、無数のユーザー同士が結び付き合う「多対多」の関係になる。お互いの立場は形式上、1ユーザーという等しい形としてサービスに組み込まれる。報道機関が取材に基づいて組織として発信するニュースも、個人のつぶやきも同じ形式で表現される。フラット化された情報が並ぶSNSのタイムラインにおいて、情報の価値は報道機関が用いる編集方針に基づいた価値判断ではなく、ユーザーの満足度という別の物差しによって測られる。

　加えて、もともとユーザー同士の交流を目的していたSNSが、実態としてニュースをはじめとした情報収集の手段として使われている「ねじれ」も、フェイクニュースの拡散を生む一因となっている。

　総務省の「平成30年版情報通信白書」によると、SNSの目的として家族や友人間のコミュニケーションなど「新しいつながりの創出」に関わる回答を選んだ人は20％以下だった。対して、「情報の収集」に関わる回答を選んだ人は30％を超えている（総務省、2018.7：156）。

　コミュニケーションの場においては、似たような考えや趣味・趣向の人間が発信する情報に囲まれることは、ユーザーの満足度を高めることにつながるかもしれない。一方、報道の文脈で考えた場合、同質性の高いコミュニティの中で拡散を繰り返すことが「フィルターバブル」を引き起こす可能性を高めている。似たような考えばかりに接するあまり、誤った情報を信じ込んでしまう「認知バイアス（確証バイアス）」も引き起こしかねない。

7. 政治家の発言だけがフェイクニュースか

　日本では、フェイクニュースが選挙結果に影響を与えるほど深刻化していない。背景には、言語の壁によって国外からの影響を受けにくいことと、選挙におけるSNSの存在感の小ささがある。

　2017年の衆院選で朝日新聞が589候補の投稿した計4万2,140件を調べたところ、演説場所の告知に関する情報が約72％を占め、政策に関する投稿

は約21%だった（朝日新聞、2017.10.21）。一方で、外国人の差別的な情報がSNSで拡散するケースは後を絶たない（毎日新聞、2017.12.7）。愉快犯として刑事事件になっているケースもあり、誤った正義感から無関係の人物が被害者になる事態も生まれている（朝日新聞、2017.10.30）。憲法を巡る国民投票の実施も取りざたされる中、フェイクニュースが現実社会に大きな影響を与える可能性は日に日に高まっていると言える。

フェイクニュースの対策を考える場合、情報端末として欠かせない存在になったスマートフォン上の情報流通の特徴を押さえておく必要がある。

2007年、アップル社が発売したiPhoneは、その後の通信の世界を一変させた。中でもメディアに与えた影響として最も大きかったのは、分野を超えたコンテンツが一か所に集まる状態を生み出したことだった。

これまでユーザーは、新聞紙やテレビ画面など、それぞれのコンテンツに紐づいたデバイスを通じて情報に接する必要があった。ところが、スマートフォン上ではゲームもメールも同じ画面に表示される。ユーザーは、コンテンツの分野をまたいで様々なサービスに自分たちの時間を振り分けるようになった。メディアにとって、同業他社だけでなく、スマートフォンに表示されるすべてのコンテンツが競合相手になった。

自分の興味・関心に従ってコンテンツを自由自在に渡り歩くユーザーに対して、メディアの世界の中だけで通用した価値基準を当てはめようとしても限界がある。メディア側は、報道としての価値だけでなく、ユーザーの満足に結び付くという新たな価値を構築する必要がある。

筆者は、2017年にヤフーニュース担当者と一緒に、明治大学の清原聖子准教授のゼミ生8人とともにフェイクニュースを見分ける目を養う取り組みを半年間行った。その中で見えたのは、ネットの情報に対する警戒心はあるものの、その矛先は既存のメディアにも向けられており、フェイクニュースの対象が新聞社やテレビ局になっている構図だった。

また、学生にフェイクニュースだと思うネット上の情報を挙げてもらったところ、ワイドショーにおける芸能人の政治に関する発言や、ダイエットなどの健康情報、サッカー選手の移籍を巡る予想、iPhone（アイフォーン）の機能に

関わるものなど、多岐にわたった。報道機関は、フェイクニュースを政治家の発言の問題として捉えがちだが、実際にはその範囲は広い可能性があることも浮かび上がった。

8. ファクトチェックをフェイクニュースにしないために

　政治家らの発言について、誤りがないかを検証するジャーナリズムの手法として用いられているファクトチェックは、フェイクニュースへの対策としても有効である。データベースサービス「日経テレコン21」によると、2016年10月24日付けの朝日新聞の記事が、ファクトチェックを明示した最初の記事である[4]。記事では臨時国会での安倍晋三首相の答弁を取り上げている[5]。一方、フェイクニュースの定義が政治家の発言以外にも広がっている可能性がある中、現状のファクトチェックの方法では限界があるのも事実だ。本章の最後に、フェイクニュースを巡る情報流通の変化を踏まえ、メディア側にどのような取り組みができるか考察する。

　SNSをはじめ、インターネット上のサービスでは、ユーザーの判断だけで情報の取捨選択が完結しがちだ。趣味・趣向に合わせた情報選択は、アルゴリズムによって自動化される。メディアは、ユーザーに様々な情報を届ける役割を自覚し、アルゴリズムによってコンテンツが細分化されないようなパッケージとしての商品力をデジタル上で形にするよう努力しなければならない。その際に必要なのは、個々のメディアにしかないコンテンツにおける希少性だ。輪転機や販売網によって維持されていた希少性を、コンテンツの中身に変えていく姿勢が求められる。

　同時に、ニュースの流通に合わせたコンテンツの発信の仕方も工夫しなければならない。自社が持っている器だけに最適化したコンテンツを作る単純な流通では通用しない時代になっている。ニュースプラットフォームやSNSなど、届け方と、その先にいる多様なユーザーに合わせてコンテンツを再編集する発信の工夫が必要になる。写真1枚とっても、横幅が決まっているスマートフォンの画面では、極端に縦に長い写真の場合、画面全体が写真で埋め尽くさ

れてしまう。ユーザーの満足度を考えた場合、紙面に使いやすい縦長の写真よりスマートフォンで見やすい横長の写真の方が適している。

　動画においても、ユーチューブのチャンネル登録者であれば数分を超える動画でも視聴し続けてくれるが、ツイッターであれば15秒程度が限界だ。

　ユーザーがスマートフォンに求めているのは、ニュースだけではない。総務省情報通信政策研究所の2017年の「情報通信メディアの利用時間と情報行動に関する調査」によると、モバイル機器によるインターネット利用において10代と20代が「ソーシャルメディア」を平日50分以上利用している一方、30代と40代は20分台にとどまっている。さらに50代は12分と、年代によって大きな隔たりが生まれている（総務省情報通信政策研究所、2018.7：58）。紙面という画一化されたパッケージだけですべてのユーザーに対応することは難しく、届けたい相手に応じたサービスの構築が必要な状況が見て取れる。

　一強多弱と呼ばれるデジタルの世界において、注力するべき方向性の取捨選択は避けられない。メディアとして何が強みなのか。言い換えるなら、多大なコストをかけて生み出したコンテンツであっても、すでにユーザーが別のサービスで満足しているのなら、そこから撤退する決断もしなくてはならない。

　1本単位の記事で消費されないパッケージ化、届けたいユーザー層に合わせた配信方法、希少性を発揮できる分野への資源の投入など踏まえた上で、メディアとしてファクトチェックに取り組む場合に必要なのは、中立公平な立場であることをユーザーに認識させることである。メディアの政治的主張や政策の是非とは切り離した形でファクトチェックを行わなければ、ファクトチェックそのものがフェイクニュースと見なされる可能性がある。

　そして、ファクトチェックの取り組みは継続しなければユーザーに浸透しない。朝日新聞では2017年2月10日以降、ファクトチェックの手法を用いた記事をシリーズ化し、2019年2月までに計12本掲載してきた[6]。しかし、対象は政治家に限られ、時期も不定期となっている。不確かな情報への不安が高まる時代、ファクトチェックのようなユーザーにとってわかりやすいパッケージを、新聞社の取材力を形にする新しい器と捉え直すことで、サービスとして

のメディアの機能を強化することができる。国会開会中や選挙期間中に限定せず、医療や金融、文化や芸能まで、正しい情報が求められる分野へ積極的に踏み出していく姿勢が報道機関には求められている。

注
1) フェイクニュースの概念について詳しくは第1章、第5章を参照されたい。
2) 『朝日新聞』2018.4.2 東京本社版朝刊。
3) 東日本大震災アーカイブ。http://shinsai.mapping.jp/index_jp.html（2019年4月9日アクセス）
4) 日経テレコン（新聞記事検索サービス）で、「ファクトチェック」と検索した結果による。（2019年7月29日アクセス）
5) 「首相の答弁、正確？『ファクトチェック』してみました　臨時国会中盤」『朝日新聞』2016.10.24 朝刊。
6) 「（ファクトチェック）安倍首相 1月20日の施政方針演説」『朝日新聞』2017.2.10 朝刊。
「（ファクトチェック）安倍首相 参院予算委員会1月30日」『朝日新聞』2017.2.10 朝刊。
「（ファクトチェック）麻生財務相 衆院予算委員会2月8日」『朝日新聞』2017.2.21 朝刊。
「（ファクトチェック）森友学園問題、政府側の国会答弁は―」『朝日新聞』2017.3.23 朝刊。
「（ファクトチェック）山本地方創生担当相 参院決算委員会3月28日」『朝日新聞2017.4.1 朝刊。
「（ファクトチェック）民進・木内衆院議員元加計学園監事の最高裁判事任命は『異例』」『朝日新聞』2017.4.29 朝刊。
「（ファクトチェック）トランプ演説をチェック　パリ協定離脱」『朝日新聞』2017.6.3 朝刊。
「（ファクトチェック）加計・憲法…政府答弁は事実？通常国会の論戦から」『朝日新聞』2017.6.23 朝刊。
「（ファクトチェック）候補数違い、単純比較には疑問」『朝日新聞』2018.9.22 朝刊。
「（ファクトチェック）大企業に限ったデータ、後に修正」『朝日新聞』2018.12.13 朝刊。
「（ファクトチェック）9割近く、台帳閲覧など協力自衛官募集、自治体の対応」『朝日新聞』2019.2.13 朝刊。

参考文献
LINE株式会社（2019）「LINE株式会社2018年12月期通期　決算説明会」2019年1月31日、p.5。https://scdn.line-apps.com/stf/linecorp/ja/ir/all/Q4_earning_releases_JP.pdf（2019年4月9日アクセス）
NHK放送文化研究所（2016）「2015年国民生活時間調査報告書」2016年2月、p.20。https://

www.nhk.or.jp/bunken/research/yoron/pdf/20160217_1.pdf（2019年4月9日アクセス）
Reuters Institute for the Study of Journalism（2017）Reuters Institute Digital News Report 2017.
　・http://www.digitalnewsreport.org/survey/2017/united-states-2017/（2019年4月9日アクセス）
　・http://www.digitalnewsreport.org/survey/2017/japan-2017/（2019年4月9日アクセス）
Vosoughi, Soroush, Deb Roy and Sinan Aral（2018）"The spread of true and false news online," Science, 359 (6380). March 9. 3. https://science.sciencemag.org/content/sci/359/6380/1146.full.pdf（2019年4月12日アクセス）
Yahoo!ニュース（2016）「月間150億PVの内訳を解説　スマホはPCの約2倍に」『Yahoo!ニュース』2016年10月5日。https://news.yahoo.co.jp/newshack/newshack/150pv.html（2019年4月9日アクセス）
朝日新聞（2010）「iPad、いきなり30万台　米の初日販売、出足好調」『朝日新聞』2010年4月6日朝刊。
朝日新聞（2016）「（震災5年）タンク爆発「黒い雨」の流言、ネット拡散／千葉県」『朝日新聞』2016年3月3日朝刊。
朝日新聞（2017）「（Media Times）まとめサイト、続く非公開記事の根拠検証進まず、終了も」『朝日新聞』2017年5月13日朝刊。
朝日新聞（2017）「ネット中傷、被害拡散　閲覧数稼ぐため捏造」『朝日新聞』2017年8月17日朝刊。
朝日新聞（2017）「党首の勝負語、広がらず？　候補者ツイッターでは　衆院選」『朝日新聞』2017年10月21日夕刊。
朝日新聞（2017）「それウソ？ホント？市民の目　衆院選、ファクトチェック広がる」『朝日新聞』2017年10月30日夕刊（大阪本社版）。
朝日新聞（2018）「ヤフー、配信を謝罪　産経削除の米兵巡る記事」『朝日新聞』2018年3月6日朝刊。
朝日新聞デジタルweb広告ガイド（2019）。https://www.asahi.com/ads/guide/（2019年6月9日アクセス）
総務省（2018）「ICTによる『つながり』の現状」『平成30年版情報通信白書』7月 p.156。http://www.soumu.go.jp/johotsusintokei/whitepaper/ja/h30/pdf/n4200000.pdf（2019年4月9日アクセス）
総務省情報通信政策研究所（2018）「5-2 新聞、ニュースサービスの利用率」『平成29年情報通信メディアの利用時間と情報行動に関する調査 報告書』7月、p.71。http://www.soumu.go.jp/main_content/000564530.pdf（2019年7月29日アクセス）
総務省情報通信政策研究所（2018）「3-1-2 パソコン及びモバイル機器によるインターネット利

用項目」『平成 29 年情報通信メディアの利用時間と情報行動に関する調査　報告書』7 月、p.58。http://www.soumu.go.jp/main_content/000564530.pdf（2019 年 4 月 9 日アクセス）

電通（2014）「2014 年 日本の広告費」http://www.dentsu.co.jp/knowledge/ad_cost/2014/（2018 年 4 月 12 日アクセス）

電通（2015）「2015 年 日本の広告費」http://www.dentsu.co.jp/news/release/2016/0223-008678.html（2018 年 4 月 12 日アクセス）

電通（2016）「2016 年 日本の広告費」http://www.dentsu.co.jp/news/release/2017/0223-009179.html（2018 年 4 月 12 日アクセス）

電通（2017）「2017 年 日本の広告費」http://www.dentsu.co.jp/news/release/2018/0222-009476.html（2018 年 4 月 12 日アクセス）

電通（2018）「2018 年 日本の広告費」http://www.dentsu.co.jp/news/release/2019/0228-009767.html（2018 年 4 月 12 日アクセス）

日本新聞協会（2019）「新聞の発行部数と世帯数の推移」https://www.pressnet.or.jp/data/circulation/circulation01.php（2019 年 4 月 9 日アクセス）

毎日新聞（2017）「記者の目：ネットにあふれる『トレンドブログ』フェイクニュースの温床に」『毎日新聞』2017 年 12 月 7 日朝刊。

ヤフー株式会社プレスリリース（2019）「ヤフーニュースがジュースに変身！ジューススタンド『ヤフーニュースのヤフージュース』3 月 12 日（火）から 1 週間限定で原宿にオープン！」2019 年 3 月 6 日。https://about.yahoo.co.jp/pr/release/2019/03/06a/（2019 年 4 月 9 日アクセス）

©The Asahi Shimbun Company 2019

第7章

鼎　談
米韓との比較から見る2019年参院選におけるフェイクニュース

清原　聖子・小笠原　盛浩・李　洪千

清原：本書では、2016年のアメリカ大統領選挙（第1章）、2017年の韓国大統領選挙（第3章）、2017年の日本の衆議院議員選挙（第5章）を事例として日米韓におけるフェイクニュース現象を検討してきました。本日は、本書の最終章として、2019年7月21日に行われた第25回参議院議員選挙を振り返って、米韓比較の視点から日本におけるフェイクニュース現象の今後について鼎談を行いたいと思います。はじめに、お二人はフェイクニュースという切り口から参院選に対してどのような印象、評価をお持ちでしょうか。

小笠原：今回の参院選では、フェイクニュース以前に選挙自体への関心が非常に低いという印象を受けました。

清原：今回の投票率は48.80％ということで、前回の2016年の参院選の投票率を下回り、とても低かったですね。選挙期間中に台風や大雨の被害があったことも低投票率に影響しているというメディアの指摘がありますが、小笠原先生は低投票率の原因をどう見ていらっしゃいますか。

◇ なぜ選挙への関心度が低かったのか？

小笠原：エム・データ社の集計データによれば、在京地上波テレビ局6社の選挙関連の放送時間は、2019年参院選では2016年参院選と比べて約1割、2013年参院選と比べると2割以上減ったそうです。実際、某芸能事務所の社長がお亡くなりになったことや、反社会的勢力の宴会に参加した別の芸能

会社の芸人の話題が盛んに報道される一方で、選挙関連のニュースをほとんど見かけない日もありました。そのように参院選の期間中にもかかわらず、まるで選挙がないかのような雰囲気を作ったメディアの報道が、低い投票率の一因となった可能性はあるでしょう。

清原　聖子

清原：李先生もコメントをお願いします。

李　：今回の参院選の期間中にはフェイクニュースということはあまり注目されていなかったと思います。その理由の一つは、まず政治報道が盛んになっていない。したがって多様な選挙争点はもちろん、選挙に対するそのようなフェイクニュースがあるということを扱うことも少なかったということです。

清原：お二人とも、選挙期間中にメディアからの選挙情報量が少なかったという印象をお持ちになったのですね。フェイクニュースについて心配をする前に、有権者が多くの選挙情報に触れることができたのかどうか、という点が重要ですね。

小笠原：メディア効果研究では、メディアには議題設定機能があると言われています。メディアで、ある争点が報道されればされるほど、その争点が社会にとって重要な争点であると多くの視聴者が認識するわけです。

　テレビで選挙関連の放送時間が減っているということは、選挙について放送しないことによって、テレビが「選挙は社会的に重要な争点ではない」と議題設定している、という見方もできるわけです。

◇ 参院選でフェイクニュースは少なかったのか？

清原：それでは、次に本日の本題として、参院選でどのようなフェイクニュースが流れていたか、気になったフェイクニュースがあれば具体的にお聞かせください。

小笠原：たとえば、安倍首相が国会の委員会で答弁した動画を改ざんして、

「富裕層の税金を上げるなんて馬鹿げた政策だ」と答弁したという偽動画がアップロードされました。また、「来月から国会議員の月給が100万円から120万円に引き上げられる」といった情報も流れました。

清原：その安倍首相の答弁の改ざん動画の件は、参院選に関してファクトチェック記事を出したバズフィード・ジャパン（Buzzfeed Japan）が2019年7月19日の調査結果で、「誤り」と判

小笠原　盛浩

定していました。バズフィードは、この動画の再生回数は740万回を超えていると言っていましたね。

小笠原：ファクトチェック・イニシアティブ（FIJ）によれば、参院選期間中の「誤り」「不正確」な情報は9件でした。フェイクニュースと判定された情報が少ないなというのが全体的な印象です。

清原：ファクトチェック・イニシアティブ（FIJ）について補足したいと思います。FIJは日本でのファクトチェックの普及活動を行う非営利団体です。そのHPによれば、ファクトチェックは事実確認よりも真偽検証である、と。今回の参院選の期間中には、FIJはバズフィード・ジャパンをはじめとしたメディア・パートナーと協力して、政治家の発言であったり、ツイッターなどで言われている疑わしい情報の真偽を判定して記事を出すという取り組みを行いました。参院選の公示日前の7月3日にはFIJが記者会見をして、参院選でファクトチェックを行うことがメディアに発表されていました。

小笠原：それ以外にファクトチェック・イニシアティブが「誤り」と紹介しているものですと、「年金積立金の運用益が民主党政権時代と比べて10倍になった」という安倍首相の発言があります。「消費税増税で社会保障の充実に使われたのは16％だけ」という山本太郎・れいわ新選組代表の発言は「ミスリード」判定、また、「大阪は幼稚園、保育園の保育料無償化を実現している」という松井一郎・日本維新の会代表の発言は「不正確」判定でした。

清原：「来月から国会議員の月給が100万円から120万円に引き上げ」という誤った情報について、バズフィードの記事では7月17日午前の時点で約1,850のリツイート、約1,450「いいね」がついているということでした。この1,850のリツイートというのは、拡散力の点から見て、多いのか少ないのか、李先生はどのように思われますか。

李　洪千

李　：リツイートがどのぐらいされているのかということも大事ですけれども、やはりリツイートされて、そこにどのぐらいのフォロワーがいるのかということも大事なことになりますよね。

　ちょっと話が戻るんですけれども、今回の参院選では、たとえばフェイクニュースということをどのように規定するのかということによると思うんですけれども、アメリカでは個人が自分の利益を得るためのフェイクニュースを作ったり、広告収入を得るためにフェイクニュースを作ったりします。その一方で、海外からアメリカに向けて広告収入を得る目的でフェイクニュースが作られたりすることもあります。今回の参院選を見ると、個人が作るフェイクニュースよりは、政治家が言う情報の誤り、意図的な情報の誤りということが非常に多かったのが特徴として言えるんじゃないでしょうか。それに対して、それぞれのメディア、一般の市民たちがどのようにフェイクニュースをチェックしているのかという点が気になります。それは、メディアがファクトチェックするのも大事ではありますが、一般の市民でもできます。しかし、「個人ファクトチェッカー」があまり現れていなかった。全体的に、"ファクト"に対して監視しようとする社会的な動きが出ていなかったのが、私から見るとちょっと不思議でした。

清原：李先生のご意見は、メディアに任せるだけでなく有権者個々人もファクトチェックをしていく姿勢が必要ということですね。個人でもファクトチェックできるというのは、どのようにすればいいのでしょうか。

李　：たとえば、まず日本におけるフェイクニュースということは、フェイク

ニュースを本書でもいろんな著者が広く捉えるのか狭く捉えるのかという問題があると述べているのですけれども、一番わかりやすいのは、やはり何かの悪意を持つ情報を作るということはみんな共通しています。だから、その悪意というのは経済的な利益なのか政治的な利益なのかという、だいたい大きく分けると2つになります。でも日本ではあまり経済的な利益を狙ったフェイクニュースは顕れていない気がしますが、どうでしょうか。先ほど小笠原先生が挙げられたフェイクニュースの事例から見ると、政治家の発言のほうが多いんじゃないですか。それはどうでしょうか。

◇ ファクトチェックの課題は何か？

小笠原：安倍首相発言の改ざん動画は、経済的な利益を狙ったものかもしれません。また、ファクトチェックが政治家の発言ばかりというのは、ファクトチェック団体のチェック力不足も一因かもしれません。誤りや不正確と判定された情報は9件だけだったわけですが、ファクトチェックの対象とされた情報自体が50件しかありませんでした。ファクトチェックのマンパワーが足りなかったのではないかと考えられます。

　また、参院選への社会的な関心が非常に低かったことから推察すると、経済的な利益を狙ったフェイクニュースも発信されたものの、それらが全然拡散せず注目を集めないまま消えていった可能性もあります。

清原：第2章で書きましたが、ペンシルバニア大学にあるFactCheck.orgというアメリカのファクトチェック団体は少なくとも1日に1本の記事を書きます。また、ポリティファクトというファクトチェック団体はおおむね毎週25本のファクトチェック記事を書いています。それから比べたら17日間の選挙期間中に9件しか誤りや不正確と判定された情報が表に出てこないというのは、とても少ない印象があります。それは本当にフェイクニュースが少ないからなのでしょうか。検証作業の担い手不足が課題ということも言われていますね。

李：それと、フェイクニュースに対するファクトチェックと、そうではない

情報に対するファクトチェックを区別する必要があると思います。我々がフェイクニュースを悪意を持った情報として捉えるのなら、それは意図的に組み立てられた情報を意味します。それは1つのパッケージとして出されています。それに対するファクトチェックと、演説の中で筋を間違ったり、状況を勘違いして発言した、というようなミスインフォメーション（誤情報）を正しく直すファクトチェックに分ける必要があるでしょう。しかし今回の参院選は、悪意のある情報はもちろん、そのような政治家の細かいミスに対しても、あまりファクトチェックされる動きがなかったと思います。

　たとえば悪意を持っているのは非常に巧妙に作られているわけですから、個人がそれを調べるのは難しい点もあります。が、簡単な間違いなら個人でも自分で調べられます。

清原：でも、個人がそれだけのことをする時間と気力があるかどうか。

李　：個人でもファクトチェックは可能だと言いましたが、その場合の個人というのは、選挙に強い関心を持っている人を意味します。ある候補者を支持する人、または、ある候補者に反対する人がそれにあたるでしょう。具体的に言えば、自民党や立憲民主党を支持する人です。この人たちが、相手側の発言・公約から間違いを発見し、それを明らかにするために調べて、「あの発言はここが間違っている」とか、「公約で出されている数字が間違っている」などと指摘するでしょう。なぜなら、立場が違うと相手の間違いによく気付くことができるからです。そのような行動が、いわゆるファクトチェックに等しいことだと思います。

清原：ただ、それを行った場合、ファクトチェックとしての中立性や公平性が保たれなくなり、結果的に出てきた情報が有権者に事実として伝わりにくいという問題が出てくるのではないでしょうか。

小笠原：個人ではないとしても複数のファクトチェック団体があれば多様性が出てきて、それらが横断的に見られることで、結果的に中立性が保たれるかもしれません。

　ただし、日本のようにファクトチェック団体の数もマンパワーも資金力もまだまだ不足している状況では、ファクトチェックの対象とする情報の範囲

第7章　鼎談　米韓との比較から見る2019年参院選におけるフェイクニュース　179

を広く取ることは難しいのではないでしょうか。いくら範囲を広くしても、チェックの手が回らないのでは意味がないわけですから。その結果、日本ではアメリカや韓国などと比べてファクトチェックの対象とされる情報の範囲が狭くなっている可能性があります。

清原：アメリカのファクトチェック団体のFactCheck.orgは2003年に、ポリティファクトは2007年に活動を開始していて、そのぶんアメリカでは人材面でも層が厚くなり、社会にファクトチェックというのが浸透していると思います。そういうところも記事の本数が多いか少ないか、というところに影響しているかもしれません。

小笠原：ファクトチェックの対象にどのような情報が取り上げられるべきかという範囲を広げていくと、ほかにも引っかかる情報はありそうです。

　たとえば選挙期間中に、ハンセン病家族訴訟で政府は控訴をしないと判断しましたが、朝日新聞は控訴の方針だと誤報を出しました。その後、朝日新聞が官邸からガセ情報をつかまされたから誤報を出したのではないかという情報がツイッター上で多く流れました。こうした情報はファクトチェックの対象になるのかどうか。怪しげな情報ということでいえば該当しそうですが、この情報をファクトチェックしたという報道は見かけません。

　ほかには、「友人が、今回の参院選、各政党の政策についてめっちゃ簡単に分かりやすくまとめた画像」というツイートが拡散しました。これは本当にわかりやすいのですが、まとめすぎていて不正確なんです。しかし、わかりやすいからとかなり拡散された。これに対してもファクトチェックされたという報道は聞きません。

　ひょっとすると、選挙期間中に政治や選挙に関する誤った情報やミスリーディングな情報が流れることに対してきちんと目を光らせなければいけないという認識が、日本ではあまり強くないのかもしれません。そうした認識が強くなれば、ツイッター上などで流れている怪しげな情報が、ファクトチェックの網にもっと引っかかってくる可能性があります。

清原：その一つの背景的な違いとして、アメリカと韓国は、インターネットを使った選挙運動が盛んだということですね。有権者も候補者もそれぞれソー

シャルメディア上、オンライン上で様々な選挙情報をやり取りしています。その中にはフェイクニュースも含めて、いろんな情報が入ってくるだろう、と。日本の場合、ソーシャルメディアで政治や選挙情報を見る人が若者には少しずつ増えてきていますが、まだ主流はテレビや新聞でしょう。それが小笠原先生がおっしゃる、米韓と比較したときに日本では選挙期間中に怪しげな情報がソーシャルメディア上に引っかかってこない、ということに関係していますか。

◇ 米韓とのメディア環境の違いに注目する

小笠原：関係しているでしょう。日本はアメリカ、韓国に比べるとソーシャルメディアの普及率自体があまり高くありません。さらに、ソーシャルメディアを使っている人でも、政治や選挙関連のコミュニケーションをソーシャルメディア上ではあまり行いません。日本のメディア環境におけるソーシャルメディアは、怪しい情報も正しい情報も含めて政治関係の情報が流れるコミュニケーションチャンネルにあまりなっていないのです。

清原：そうですね。そこは重要なポイントですよね。フェイクニュース現象を国際比較で考える際には、メディア環境の違いを意識することが重要であると思いますね。

小笠原：アメリカではマスメディアへの信頼度が低いですね。特に共和党支持者はものすごく低い。韓国でも、特に選挙報道では、人々はマスメディア報道には政治色がついているだろうと見ています。しかし日本ではマスメディアへの信頼度が高い。NHKのニュースが言っていることなら本当だろうとか、新聞で報道されていたと聞けば、新聞を読んでいない人でもその情報を本当らしく感じたりするわけです。

　こうした日本のメディア環境だから、人々はマスメディア以外のオルタナティブな情報チャンネルとしての、ソーシャルメディアへの依存度を高めなくても済んでいるのでしょう。

清原：一方で、メディア不信が日本でも進んでいるという研究の指摘もありま

すよね。今のところは小笠原先生がおっしゃったような状況だとして、今後日本でもアメリカや韓国のようなメディア環境の変化、すなわちメディア不信が進み、結果的にソーシャルメディアへ選挙情報も依存が進んでいく、ということになるのではないでしょうか。そうすると、将来的にはフェイクニュースも含めて、ソーシャルメディアで流れる情報の選挙への影響が増す、と。そんなふうに考えられますかね。

◇ 政治情報源はマスメディアからインターネット上にシフトする

李 ：その指摘は妥当だと思います。なぜかというと、政治情報を入手する情報源はインターネットにシフトする傾向は明確ですし、そのような傾向は今後も変わらないでしょう。問題はインターネットで出回る政治情報（選挙情報）に有権者がどのように反応するかだと思います。たとえば今回の参院選でも何百人もの候補者や政治家が全国で街頭演説を行い、また各政党もそれぞれ選挙運動を行ったわけですが、メディアがそのすべてをチェックするのは不可能です。

　なので、一般の有権者がそれぞれの選挙メッセージを自らチェックすることが大事になります。一般の有権者が選挙運動の様子を映像や文字でチェックし、インターネット上で共有します。そのような活動によって、選挙情報が間違っているかどうかが明確になってきます。マスメディアがニュースとして取り上げるのは一番注目されやすい内容か、政党が反応しやすい内容でしょう。ですから選挙運動を直接見る個々の人が候補者や政党が発信している政治情報に疑問を持ち、それをチェックして発信していく動きが活発にならないと、どのような情報が間違っているのかの判断をメディアにゆだねることになります。

　だから、一般の人がアップロードした選挙情報を別の有権者が疑問を持ってチェックし、それをインターネットに載せるのかどうかが重要だと思います。なぜなら、それが「草の根のファクトチェック」であるからです。しかし、今の日本ではそのような個人の活動が弱いのが現状です。

インターネットがない時代には、選挙情報は政治家からメディアを通じて、一般の人に流れていきました。今は、メディアが伝えるのはすべての選挙情報の一部分でしかありません。したがいまして、一般の人たちが発信する選挙情報の重要性も増していきます。ファクトチェックを行う組織についても、専門の団体もあれば、自民党側のファクトチェック団体や、立憲民主党側のファクトチェック組織もあっていいと思います。どのような立場であってもファクトチェックを行うのは同じであり、相互のファクトチェックが行われることで、ファクトチェックのバランスが取れることでしょう。多面的なファクトチェックの存在こそが、一番正しいファクトチェックのエコシステムを形成すると考えています。

　しかし、そのような環境が日本ではまだ形成されず、中立と言われるファクトチェックだけが存在している状況です。多様性の欠如は逆にファクトチェックの偏りや偏向性をもたらしていると批判されやすい状況でもあるでしょう。ですから、一般の人たちが選挙情報に対して疑問を持ち、ファクトチェックを行い、それをインターネット上で共有するような環境がまず必要です。

清原：「草の根のファクトチェック」が広がる環境が必要というご指摘ですが、ファクトチェックした記事がどれだけ信頼されるかということも重要なポイントではないでしょうか。つまり、どこが行っているファクトチェックなのかということが、信頼されるかどうかを左右するということがあるのではないか、という問題です。アメリカのFactCheck.orgは、ペンシルバニア大学との関係があることで信頼性という点で恩恵を受けている、と言われています。

李　：いろんなファクトチェックの動きがたくさん出てくる中で、大学でファクトチェックを行うところもたぶん生まれると思います。

清原：ソウル大学もファクトチェックをしているとおっしゃっていませんでしたか。

李　：ソウル大学もやっていて、いろんな新聞社と提携しています。ただし、すべての新聞社が参加しているわけではありません。そうすると、誰も否定

できないような間違いだけをファクトチェックするようになる。中立的な団体にファクトチェックを委任することは、逆に言えば個別のメディアが行うファクトチェックは、それぞれのメディアが置かれている立場から誤解されやすいことを意味する。そのような理由が、ソウル大学という有名大学の名前（権威）を借りてファクトチェックを行う意味になります。だから、そのような問題があるにもかかわらず、いろんなファクトチェックを増やすことで、ファクトチェックの生態系を生み出す方がいいのではないかと考えますね。

今回の参院選を見ると、有権者が支持する政党側の立場から相手側の情報をファクトチェックするケースはそれほど見当たりませんでした。ファクトチェックの応酬がないことから、相手側の問題（間違い）が表面化されない側面もあります。それがファクトチェックという観点から参院選を見た印象です。

◇ ファクトチェックはフェイクニュースの拡散防止に役立つのか？

清原：李先生はファクトチェックにかなり期待していらっしゃいますよね。では、あえて質問したいと思いますが、ファクトチェックはそれほどフェイクニュース対策として役に立つのでしょうか。フェイクニュースが拡散したときに、有権者に真実を伝えるという意味でファクトチェックの記事が多ければ、より有権者は正しい知識を持つのでしょうか。それについてもいろいろな研究が海外ではありますけど、ファクトチェックをすることにどのような価値があるのか、意義があるのか、という点について、小笠原先生はどう思われますか。

小笠原：ファクトチェックをすることと言いますか、どれが正しい情報で、どれが間違っている情報か、といわば情報に○×をつけて、有権者が情報の判別で高得点をとることを目的にしても、あまり効果がないのではないでしょうか。結局、今回の参院選でフェイクニュースが少なかったのは、選挙への関心が低いことが大きかったと考えます。そして選挙への関心度は、日本社

会が政治的にあまり分極化していないことと関連しています。

　アメリカでは、いわゆるエリート層とグローバル経済から取り残された層との間で社会の分断が進んでいて、後者がトランプを支持している傾向があります。韓国では革新派が「ロウソクデモ」で動員されて朴槿恵弾劾裁判を推進しようとし、保守派が弾劾に反発して「太極旗デモ」で動員されるような、左右の分断があります。日本では社会的分断はそれほど深刻ではありません。

　インターネット上の炎上の拡散を説明するモデルの一つに、「山火事モデル」があります。乾燥した気候が長く続くと、ちょっとしたきっかけで木が発火して山火事になりますが、なぜ特定の木が山火事を引き起こしたのかを説明してもあまり意味がありません。このように、山火事の原因を考える上では、空気が乾燥して燃えやすい木や草がたくさんあるという全体的な状況を問題にするべきであって、たまたま発火した木に原因を求めてもあまり意味がないという見方です。

　フェイクニュースに山火事モデルを当てはめると、対立候補の評判を下げるような虚偽情報が多数捏造され拡散される現象は、社会が分断され政治的分極化が進んでいるという全体的な状況をまず問題にするべきと言えます。繰り返しになりますが、現時点の日本社会はその意味で、山火事が起きづらい状況なのでしょう。

　したがって、ファクトチェックよりも重要なのは、政治や選挙に対して有権者がそれなりに関心を持つ方がいいし、感情にまかせて投票するのではなくそれなりに考えて投票したほうがいい、投票の判断材料には疑わしい情報よりもできるだけ正しい情報を使いたい、という認識が広く共有されることではないでしょうか。

　第5章で書いたように、判断するときには誰にでも必ず認知バイアスが生じますが、認知バイアスができるだけ小さく抑えられるような環境を整えることが必要でしょう。逆に言えば、正誤のチェックだけを重視すると、アメリカでのように、「左の奴らはこんなうそを言っている」「右の奴らはあんなうそを言っている」というように、ファクトチェックが自分たちを正当化

し、相手を攻撃する手段になってしまいかねません。マスメディアもファクトチェック団体も政治的に分極化してしまいます。

　その意味では、アメリカや韓国と比べればそれなりに中立的と認識されている日本のマスメディアの現状は悪くないので、今後も中立性を維持できるようにするのがフェイクニュース対策にとっても有効かもしれません。

清原：ここまで議論をしてきたことをまとめると、参院選でフェイクニュースが少なかった要因を考えると、投票率が低かったことからもわかりますが、有権者の選挙への関心が高くなかったということが挙げられると思います。そしてその背景には、マスメディアが参院選の期間中に流した選挙関連の情報量が少ないのではないかというご指摘がありました。

　しかし、参院選だけで考えるのではなく、もう少し大きな政治コミュニケーションの文脈で考えると、フェイクニュースが大きな問題になっているアメリカや韓国と日本を比べると、最初に議論したメディア環境の違いもあるし、また政治的な分極化の有無という違いもあるということですね。

小笠原：はい。私は第5章で「フェイクニュースへの接触」を、「ニュースをフェイクと認知すること」と定義し直しました。ニュースをフェイクと認知した人たちがどこに集中しているかを見ると、安倍内閣の支持層の認知率が最も高かったのですが、最も認知率が低かったのは不支持層ではなく、「どちらでもない」という人たちでした。政治に関心がない層が最もフェイクニュースを認知していなかったのです。彼らの場合、選挙関連の情報を見ても、虚偽であろうが事実であろうが構わないし気にしない、だからフェイクだという認知も起きなかった、と考えられます。

◇ より良いファクトチェックの体制を構築するには？

李：そこでちょっと付け加えると、先ほど私はファクトチェックを異なる政党でもやる必要があると言いました。それは多様性による均衡を前提にした意見でした。メディア環境から言えば、すべてのメディアがリベラルでも保守でもない、中立的という立場を取ること自体が不可能です。したがっ

て、メディアがある問題に対してファクトチェックをすると、それはメディアが置かれているイデオロギー的なポジショニングによって理解されることでしょう。メディアによる報道の平等性（中立性）がないように、中立的なファクトチェックもないわけです。

　繰り返しになりますが、中立的立場からのファクトチェックは理想論としては可能かもしれませんが、現実的ではないでしょう。現実では逆に多様な立場からファクトチェックを行うことで、全体として中立性が保たれることが必要でしょう。

　もちろん、ファクトチェックをするときはそのプロセスや目的は規範論的なものになる必要がありますし、またそのようにするべきでしょう。ただ、規範論でファクトチェックを行っても、必ずしもその結果がすべて同じであることはあり得ないでしょう。それでも、ファクトチェックが増え、その結果を巡る議論が増えていけば、相手の問題点やその本質を争点化できる環境になることこそが望ましい環境ではないかと考えています。

　したがいまして、ファクトチェックのプロセスを後ほどすべて公開し、そのプロセスや結果について異なる立場の人の意見をお互いに聞くことによって、相手側の間違いを訂正することができるので、そのほうがより望ましい方向ではないかということなんです。

清原：ファクトチェックをするプレイヤーが多いほうがいいというのは、私もそう思います。でも、お互いに冷静に相手のファクトチェックを認知するでしょうか。たとえばアメリカのトランプ大統領は2019年2月19日に、「ワシントンポストは民主党支持者のためだけのファクトチェッカー（ファクトチェックをする人たちのこと）だ。共和党支持者やあなた方の大好きな大統領にとっては、いつもフェイク・ファクトチェッカーだ！」とツイートしています。このように、政治的に対立する側が提示したファクトチェックの記事をうそだと非難する可能性もあります。ですからやはり、ファクトチェックをする側がいかに信頼性を保つかということは、課題だと思います。それから数を増やすだけでなくて、ファクトチェックの団体なり、ファクトチェックをする人たちを育てていく土壌も必要ですね。

李：韓国ではJTBCというケーブルテレビがメインのニュース番組でファクトチェックを行っています。JTBCはファクトチェックを担当する専属の人を配置して、ファクトチェックのための海外留学をさせるなど人材育成も行っています。ファクトチェックを行う人をアメリカに留学させたりして、より専門的なノウハウとアメリカで行っているそのようなスキルを研究して戻ってきて、またファクトチェックの仕事をすると。そこに4人ぐらいのメンバーが、主にファクトチェックだけをしているんですけども、それで週3、4回くらいのメインのニュース番組の中でファクトチェックを行っています。また、ニュース・タパーというユーチューブをメインにした調査報道のチャンネルでも、主にファクトチェックのほうを中心にして報道しているわけなんです。

そのようにメディアがファクトチェックをするときには、そこに人員とお金と、いろんなものを投入しないといけませんので、そこはメディアの一つの方針ということも必要です。もちろん取材のプロセス自体がファクトチェックのプロセスでもありますが、しかし、それをより見えるようにすることが今のメディア環境では求められます。なぜかというと、昔は信頼される情報がテレビ・新聞しかありませんでしたが、今はインターネット上で多くのニュースが提供されているからです。

ニュースの量を見るとインターネットのほうがはるかに多くて、その中にはミスインフォメーションも含まれています。したがって既存のメディアでも、情報の受け手に見える形で間違った情報を訂正していかなければなりません。そうしないと、インターネット上のミスインフォメーションに負けることになります。だから、メディアがフェイクニュースをきちんと認識して、それに立ち向かう体制を作ることが、激変するメディア環境でマスメディアが生き残る一つの道になると思います。

◇ 今後の日本におけるフェイクニュース現象の見通し

清原：ファクトチェックの在り方に重点を置いて議論が進んできましたが、最後に皆さんにお聞きしたい点があります。今後日本におけるフェイクニュースの問題というのは、米韓と比較してどのようになるか、見通しがありますか。対策という点でも結構です。

小笠原：そもそも論になりますが、人々の政治に対する関心や関与をどう高めていくか、そのほうがフェイクニュース対策よりも重要ではないかと考えています。日本では大きな対立構造の受け皿となり得る政治勢力が今の時点ではないけれども、今後も出てこないとは限りません。

　特に、ロストジェネレーションと呼ばれる30代後半から40代後半の世代には、世代間格差が拡大する中で取り残された人々が数多く集中しており、社会の分断の芽になりかねません。専門外なので具体的な方策は提案できませんが、社会の中間層を厚くするための、特にロストジェネレーションの人々の問題を解決するための政治が必要ではないでしょうか。

清原：アメリカでは最近特にトランプ大統領の発言で社会の分断があおられているのではないか、と大きな問題になっていますね。またメディア不信からソーシャルメディアへ政治情報の依存が高まっていますが、ソーシャルメディア上では政治的、イデオロギー的な同質性が高まり、似たような考えを持つ者同士のコミュニケーションが膨らむ特徴があります。ソーシャルメディアのアルゴリズムによってセレクトされた自分の考えや興味に近い心地の良い情報にばかり接触する習慣がだんだん高じていくと、反対の意見を聞く機会が減り、フェイクニュースが蔓延しやすくなったり、社会の分断が強まったりしていくという懸念もあります。この点はアメリカだけで起きている現象ではなくて、日本でも起こる可能性が考えられるでしょう。

　李先生も最後にコメントをお願いします。

李　：日本でもフェイクニュースは増えていくと思います。まず、今後の政治状況を予想すると、政権交代までには至らなくても、野党の議席は増える可能性は十分あるということです。2番目は、日韓関係や米中関係のように、

日本を取り巻く国際状況が今より不安定な状況へ変わっていくことです。
　国際的な葛藤は、日本の国内におけるイデオロギー的な摩擦を増やし、支持層拡大のため、自民党はアメリカのトランプ大統領が行ったように極端な支持層を掘り起こす傾向を強める可能性が高いです。韓国でもフェイクニュースが出回っているのは、保守とリベラルの対立が激しいときです。政治的力を失った保守側からフェイクニュースが多く出されるようになりました。日本でも、弱者、マイノリティーに対するフェイクニュースが以前より増えていくことを懸念しています。

小笠原：少し補足すると、私は社会の分断の予防を強調しましたが、社会の分断が進んだとしても、その状況につけ込むことで利益が得られるような環境をなくすこと、経済的動機に基づくフェイクニュースの誘発を抑制することは可能だと考えます。

清原：なくすというのは、規制をかけるんですか。

小笠原：はい。ソーシャルメディアプラットフォームのほうで、フェイクニュースを流しても、少なくとも経済的な利益は得られないような広告の仕組みを整備する。日本でフェイクニュースが多くない原因の一つは、フェイクニュースを発信してもあまり拡散しないのでページビューが稼げず、広告収入が得られないからかもしれません。政治的なフェイクニュースを流せばページビューが稼げて儲かるという経済的動機づけ自体が成立しないようにすることは、他の国と同様に日本でも有効だと考えます。

李　：フェイクニュースはインターネットをメインにして拡散されることは間違いないでしょう。アメリカではフェイクニュースを取り締まるためのインターネットに対する規制をしませんが、ヨーロッパや韓国は規制をする方向に向かっています。特に韓国は、制度的に規制しようとする動きを強めています。たとえば、韓国の政府はポータルサイトとSNSにおけるフェイクニュースの拡散アルゴリズムを分析して、アルゴリズム自体を規制対象にするための検討が政府内で実際に行われています。それに対しては反対も少なくありませんが、そのような動きがあるのはフェイクニュースによる影響が政権運営を危うくさせるほど脅威になっていると当事者が認識しているから

です。

　韓国と日本は大統領制と議院内閣制という政治制度の違いはありますが、政治文化の面にだけ限定すると類似しているところも少なくありません。ですから、韓国で起きているフェイクニュースの悪影響が日本でも起こり得る可能性は高いと思います。そのときに日本政府は、フェイクニュースに対して取り締まりを強化するという名目でメディアの表現の自由まで萎縮させてしまうのではないか、と心配しています。

小笠原：それは規制という言葉の使い方によると思います。少なくとも私が言った政治的な情報を発信することでお金が儲からないようにしようというのは、政治的言論を規制しようということではまったくありません。政治的な言論は完全に自由ですが、それによってお金が儲かる、フェイクニュースや社会的分断をあおる情報のほうがより拡散してページビューを稼げるのでお金が儲かるというような経済的動機づけをなくしていきましょうということです。清原先生が書かれた第2章でも、そのようなアメリカでの議論を紹介されていたかと思います。

清原：そうですね。アメリカの場合は表現の自由を非常に重視しているので、法律的に言論を取り締まるような形でフェイクニュースの規制というのはできないでしょう。ですからフェイクニュース問題の一部として、選挙広告をどのように規制をするかを考えていますが、それすら議会や連邦選挙委員会では今のところ実現していません。プラットフォーム事業者の自主規制に委ねているのが現状です。一言で規制という言葉を使っても、国によって考え方は違いますね。

　本日の鼎談をまとめると、まず、日本はアメリカや韓国と比べると、メディア環境と政治的分極化の状況から考えてずいぶん異なることが改めてわかりました。そして、日本の場合、参院選を振り返ってみると、フェイクニュースの量が多いか少ないかを議論する前に、有権者に対してメディアからの選挙情報をもっと増やしていかないといけない、それによって政治的に関心が高まることが必要だ、という議論であったと思います。ただ、日本においても米韓同様に情報環境はテレビや新聞からネットへシフトしていま

す。したがって、今後は日本においてもフェイクニュースの問題は選挙に関するコミュニケーションの中で大きくなってくる懸念がある、ということですね。

　本日は、ありがとうございました。

（2019年8月7日、明治大学にて収録）

あとがき

　本書の着想は、筆者の在外研究中に得たと言えるだろう。筆者は2014年9月から2016年8月までの2年間、本務校よりアメリカのジョージタウン大学で客員研究員として在外研究に従事する貴重な機会を頂いた。アメリカ政治研究者にとって長期間アメリカで研究生活を行えることはいつでも有り難いが、とりわけこの2年間は、2014年中間選挙から2016年の大統領選挙戦を観察する絶好のタイミングであった。世界的に「フェイクニュース」という言葉が知れわたるきっかけになった2016年大統領選挙戦を現地で観察できたことで、本書の企画立ち上げへとつながっていった。

　ジョージタウン大学では、現在筆者の国際共同研究のパートナーであるダイアナ・オーエン教授に出会った（2019年度現在、ダイアナ・オーエン教授は明治大学国際共同プロジェクト支援事業（研究代表者：清原聖子）「ポストトゥルース時代のソーシャルメディアにおける政治コミュニケーション研究・フェイクニュース現象に関する日米韓比較分析」において、海外共同研究者である）。2014年秋学期には彼女の大学院の授業——「アメリカ政治とメディア」——を聴講させていただいた。それがご縁で、当時筆者が研究代表者を務めていた科学研究費基盤（b）の「インターネット選挙運動に関する日米韓台比較研究」へ彼女も加わることになり、刊行された成果が"Internet Election Campaigns in the United States, Japan, South Korea, and Taiwan"（Kiyohara, Maeshima, Owen編著, 2018）である。同書の中で、オーエンは「2016年のアメリカ大統領選挙は数多くの誤情報、誤解を招く物語やまったくのうそで記憶されることになるだろう（Owen, 2018：47）」とフェイクニュースの台頭について指摘した。同書の執筆には、小笠原盛浩（東洋大学教授）や李洪千（東京都市大学准教授）も加わった。同書の刊行を経て、私たちは議論を重ね、次の研究課題として、フェイクニュースの日米韓比較研究へと視野を広げていくことになった。

　したがって本書では、"Internet Election Campaigns in the United States,

Japan, South Korea, and Taiwan"を執筆した4名が中心となった。さらに筆者が主査を務める情報通信学会のインターネット政治研究会における研究活動をベースに、多くの方々と議論を行ったことが出版へ結び付いた。

オーエンは第1章を執筆し、本書の企画が立ち上がった当時、アメリカのジョンズホプキンス大学で客員研究員をしていた松本明日香（同志社大学助教）がその翻訳を担当した。清原は序章と第2章を担当し、小笠原は第5章を、李は第4章を担当した。第7章では、清原、小笠原、李の3名により、フェイクニュースの観点から2019年参院選を振り返る緊急鼎談を行った。また、第6章の執筆者であり、日本のオンラインニュースメディアに詳しい奥山晶二郎（朝日新聞withnews編集長）は2018年1月23日に、第3章の執筆者であり、長年にわたり韓国の選挙研究を行ってきた高選圭（韓国亜州大学世界学研究所研究員・早稲田大学システム競争力研究所招聘研究員）は2018年7月1日に、それぞれインターネット政治研究会で研究発表を行った。

インターネット政治研究会は一般に公開して行われており、本書刊行プロセスでは、官僚やジャーナリストの方々とも有益なディスカッションをさせていただいた。2018年11月17日の研究会では、アメリカの連邦通信委員会技術工学部弁護士であったジェームズ・ミラー氏（肩書は当時）に、アメリカにおけるフェイクニュースを巡る定義や規制の難しさについてご報告いただいた。その際、総務省総合通信基盤局電気通信事業部消費者行政第二課長の中溝和孝氏に討論者として登壇していただいた。2019年6月30日の研究会では、琉球新報東京支社報道部長の滝本匠氏に沖縄県知事選におけるフェイクニュースとファクトチェックについてご報告いただいた。その際、沖縄県知事選を地方新聞の記者として取材された東京新聞特別報道部記者の安藤恭子氏に討論に加わっていただいた。

さらに筆者は多くの方々にお世話になった。本書の序章を執筆する上で、2018年9月にはイギリスにおけるフェイクニュースの現状についても調査研究を行った。その際には、在英国日本国大使館一等書記官の平松寛代氏やマルチメディア振興センター・ロンドン事務所所長の山中直弘氏にお話を伺った（肩書はいずれも当時）。

本書で名前を引用させていただいた方のみならず、調査やインタビューに応じてくださった方々、インターネット政治研究会にご参加くださった多くの方々にも、有意義なディスカッションをさせていただいた。ここに謝意を表したい。

　また本書の執筆に直接の関係はないが、筆者はゼミナールの学生たちからも良い刺激をもらった。2017年当時、筆者のゼミナールに所属していた大学3年の学生たちは、「Yahoo!ニュース 編集リーダー」の前田明彦氏の協力により、奥山（本書第6章執筆）とともに、学生の目線でオンライン上のフェイクニュースを調査する取り組みを行った。彼らとの授業は、本書完成へのモティベーションの維持に大いに役立った。

　最後に、刊行にあたっては、大学教育出版の佐藤守氏と中島美代子氏に大変お世話になった。本書の意義を認め、出版を引き受けてくださり、丁寧に校正作業を行ってくださった。編著者としてはどれだけ励まされ、助けられたことか。心より感謝申し上げる。

2019年8月

清原　聖子

【外国語文献】

Owen, Diana (2018) "Characteristics of US Elections in the Digital Media Age," In *Internet Election Campaigns in the United States, Japan, South Korea, and Taiwan*, ed. Shoko Kiyohara, Kazuhiro Maeshima, Diana Owen: 27-53.Charm:Palgrave Macmillan.

索　引

【英数】

386世代　72, 92
BAND　72, 73, 76, 80
FactCheck.org　177, 179
FEC（Federal Election Commission）　42, 49-54, 60
SEO（Search Engine Optimization）　164

【ア行】

アクセスランキング　158
アメリカの民主主義　16, 18, 32
アルゴリズム　5, 20, 29-31, 35, 189
アンラボ（AhnLab, Inc.）　82
EU離脱　2, 8
ウイーチャット（WeChat）　91
ウェルク（WELQ）　164
受け手　124, 126-128, 130, 142, 143
運営資金　78
エコーチェンバー　5, 60, 127, 131
SNS選挙　67
オールドメディア　70
送り手　126, 128
オンライン政治広告　51, 53, 54

【カ行】

カカオストーリー（Kakao Story）　71
カカオトーク（Kakao Talk）　72, 73, 76, 80
拡散ネットワーク　76
確証バイアス（confirmation bias）　81, 131, 143
ガチャニュース　97
ガチャニュース特別委員会　101
ガチャニュースの意図性　110

ガチャニュースの形式　107, 111
ガチャニュースの条件　110
ガチャニュースの内容　110
韓国言論振興財団　75, 85
韓国情報通信政策研究院　74
韓国情報保護振興院（KISA）　71
韓国中央選挙管理委員会　70, 75, 82
偽情報（disinformation）　3
規制法案　106
規制論　99
議題設定機能　174
虚偽・誤情報の受容　128, 143
虚偽操作情報　99
虚偽操作情報の流通阻止法　102
グーグル　124, 153
経済的動機づけ　189, 190
公共圏　5, 6, 9, 53
公職選挙法　106
誤情報（misinformation）　3, 17, 29-32, 35
個人化　155
国家情報化基本法　106
誤認知　143

【サ行】

サーベイ・モンキー（SurveyMonkey）　19, 36
事実情報の非受容　128, 143, 145
市民学習　92
市民力　91, 92
社会的影響　131
社会の分極化　127
社会の分断　184

ジャンルとしてのフェイクニュース
　　125
集団の分極化　*131*
主流メディア（mainstream media）　*6, 7,*
　　17, 41
情報通信網法　*106*
情報の消費パターン　*81*
信頼度　*41, 45, 131, 135, 137, 139, 146,*
　　180
心理的距離感　*88*
スマートニュース（Smart News）　*4,*
　　157
政治関心　*135, 140, 145*
政治広告　*49-52, 60*
政治的志向　*78*
政治的先有傾向　*132, 142, 144, 145*
政治的な風刺（political satire）　*16*
政治的プロパガンダ　*19, 23*
政治的（政治の）分極化（political
　　polarization）　*42, 68, 89, 90, 143,*
　　146, 184, 190
政治動員の媒体　*88*
セウォル号事故　*76*
セレンディピティ（serendipity）　*155*
選挙キャンペーン　*5, 10, 49, 50, 53, 89*
選択的アクセス（selective exposure）
　　68
ソーシャルメディア　*16, 17, 30, 153*

【タ行】

太極旗集会　*77, 78, 81, 87-89*
対抗メディア　*71*
弾劾裁判　*78*
弾劾事件　*68, 70, 77*
ツイッター　*29-31, 71, 76, 80, 153*

作り話（hoax）　*22*
ディスインフォメーション
　　（disinformation）　*124*
ディフェンディング・デモクラシー・
　　プログラム（Defending Democracy
　　Program）　*91*
デジタル認証サービス（DAS）　*99*
テンセント（Tencent）　*90*
特落ち　*161*
特ダネ　*161*

【ナ行】

日韓関係　*188*
ニュースガード（NewsGuard）　*91*
ニュースプラットフォーム　*56, 157-163*
ニュース利用動機　*129*
ニューメディア　*71, 77*
認知バイアス　*184*
ネガティブキャンペーン　*85*
ネット大統領　*10, 67*

【ハ行】

東日本大震災　*153*
ファクトチェック　*54-59, 75, 168, 175,*
　　176, 178, 182, 183, 186, 188
ファクトチェック・イニシアティブ（FIJ）
　　123, 145, 175
ファクトチェック研究所　*76*
フィルターバブル　*156*
フェアネス・ドクトリン（公平原則）
　　42, 43
フェイクニュース選挙　*67*
フェイクニュース対策特別委員会　*96*
フェイクニュースの概念　*97, 98*
フェイクニュースの利用動機　*75*

フェイクニュース・メディア　*3, 6, 41*
フェイク認知（率）　*123, 130, 133, 134, 136, 137, 139, 140-146*
フェイスブック　*29-31, 35, 71, 76, 80*
プラットフォーム　*103, 111, 112, 116, 117, 119*
プロバイダー責任制限法　*159*
放送通信委員会　*71*
放送法　*106*
法的定義　*107*
ポータルサイト　*157*
ポリティファクト　*56-58, 125, 177, 179*
ホワッツアップ（WhatsApp）　*90*

【マ行】
ミスインフォメーション（misinformation：誤情報）　*124, 125, 178*
メカニカルターク（Mturk）　*19, 36*
メディア環境　*12, 41, 60, 143, 146, 180, 181, 185, 190*
メディアの多元化　*68, 81*
メディアの分極化　*41, 42, 45, 46, 60, 68, 90*
メディアバイアス　*18, 19, 25, 27, 28, 33*
メディアリテラシー　*35, 91, 105, 114-116*

【ヤ行】
ヤフートピックス　*158*
ヤフーニュース　*154*
山火事モデル　*184*

【ラ行】
LINEニュース（LINE NEWS）　*4, 157*
ラベルとしてのフェイクニュース　*125, 128*
リッチコンテンツ　*163*
「利用と満足」研究　*128, 129*
連邦選挙委員会（FEC）　*42, 49-54, 60*
ロウソクデモ　*77, 81, 88*

執筆者紹介
（執筆順）

清原　聖子（きよはら　しょうこ）　編者
現職：明治大学情報コミュニケーション学部准教授
最終学歴：慶応義塾大学大学院法学研究科博士課程単位取得退学
学位：博士（法学）
主著：

Internet Election Campaigns in the United States, Japan, South Korea, and Taiwan, (eds.), Cham: Palgrave Macmillan, 2018.

「ソーシャルメディアの普及に伴うアメリカ選挙キャンペーンにおける変化 ― 2014 年中間選挙を事例に ―」『社会情報学』4（3）2016 年、pp.31 ～ 46。

『ネット選挙が変える政治と社会 ― 日米韓に見る新たな「公共圏」の姿』（共編著）慶応義塾大学出版会、2013 年。

担当章：序章、第 2 章、第 7 章

Diana Owen（ダイアナ・オーエン）
現職：Professor Communication, Culture and Technology, Georgetown University
　　　ジョージタウン大学コミュニケーション・文化・技術大学院教授
最終学歴：Department of Political Science, Graduate Program, University of Wisconsin-Madison
　　　ウィスコンシン大学大学院マディソン校政治学博士課程修了
学位：Ph.D. in Political Science　博士（政治学）
主著：

Media Messages in Presidential Elections. Westport, CT: Greenwood Press, 1991.

New Media in American Politics. New York: Oxford University Press, 1998.（共著）

American Government and Politics in the Information Age, 4th edition. Washington D.C.: FlatWorld Knowledge Press, 2019.（共著）

担当章：第 1 章

松本　明日香（まつもと　あすか）
現職：同志社大学政策学部助教
最終学歴：筑波大学大学院人文社会科学研究科博士課程修了
学位：博士（政治学）

主著：

"Internet Campaigning in the US and Japan: Battles in Cyber Space," *SAIS Review of International Affairs* (Special Theme on Voting: Uses and Abuses) Spring-Fall, 38 (1), 2018, 27-38.

「ソーシャルメディアの政治的活用 ― 活用事例と分析事例から ― 」（共著）『人工知能学会誌』27(1)、2012 年、pp. 43-50。

担当章：第 1 章（翻訳）

高　選圭（ゴ・ソンギュ：Go, Seon Gyu）
現職：韓国亜州大学世界学研究所研究員・早稲田大学システム競争力研究所招聘研究員
最終学歴：東北大学大学院情報科学研究科博士課程修了
学位：博士（情報科学）
主著：

『日本・韓国政治制度比較』（共編著）慶応義塾大学出版会、2015 年。

『ネット選挙が変える政治と社会』（共著）慶応義塾大学出版会、2013 年。

"Electoral Democracy and the Role of the Electoral management Body in South Korea" In *The Experience of Democracy and Bureaucracy in South Korea*, Tobin Im (ed.), Public Policy and Governance, 28 Emerald Publishing Limited, 2017, 23-52.

担当章：第 3 章

李　洪千（リ・ホンチョン：Lee, Hongchun）
現職：東京都市大学社会メディア学科准教授
最終学歴：慶應義塾大学大学院政策メディア研究科博士課程修了
学位：政策メディア（博士）
主著：

『2016 일본 내 한류 팬 소비자 조사 연구（2016 日本国内の韓流ファンに対する消費者調査研究）』（共著）韓国コンテンツ振興院、2017 年。

『신문인쇄의 현재와 미래（新聞印刷の現在と未来）』（共著）韓国言論振興財団、2015 年。

『韓国大統領選挙の真実』（単著）Colors BOOKS、2014 年。

担当章：第 4 章、第 7 章

小笠原　盛浩（おがさはら　もりひろ）
現職：東洋大学社会学部教授
最終学歴：東京大学大学院学際情報学府博士課程単位取得退学

学位：修士（社会情報学）
主著：

How Did Rumors on Twitter Diffuse and Change in Expression? An Investigation of the Process of Spreading Rumors on Twitter during the 2011 Great East Japan Earthquake, In *Advances in Human-Computer Interaction*, 2019.（共著）

"Media Environments in the United States, Japan, South Korea, and Taiwan," *Internet Election Campaign in the United States, Japan, South Korea, and Taiwan*, (eds.), Cham: Palgrave, Macmillan, 2018, 79-113.

「ソーシャルメディアで共有されるニュース ― シェアやリツイートは社会の分断を招くのか」『ポスト・モバイル社会』（共著）世界思想社、2016年、pp.232-246。

担当章：第5章、第7章

奥山　晶二郎（おくやま　しょうじろう）

現職：朝日新聞withnews編集長

最終学歴：立命館大学産業社会学部卒業

学位：学士（社会学）

主著：

『生きづらさを抱えるきみへ：逃げ道はいくらでもある ― #withyou ― 』（共著）ベストセラーズ、2019年。

『平成家族 ― 理想と現実の狭間で揺れる人たち ― 』（共著）朝日新聞出版、2019年。

担当章：第6章

■編著者紹介

清原　聖子（きよはら・しょうこ）
明治大学情報コミュニケーション学部准教授
慶応義塾大学大学院法学研究科博士課程単位取得退学
博士（法学）
主著

Shoko Kiyohara, Kazuhiro Maeshima, Diana Owen, eds. Internet Election Campaigns in the United States, Japan, South Korea, and Taiwan, Cham: Palgrave Macmillan, 2018.

清原聖子「第4章　メディア — 政権運営におけるソーシャルメディアの活用と『オープンガヴァメント』」山岸敬和、西川賢編著『ポスト・オバマのアメリカ』大学教育出版、2016年、pp.82-103。

清原聖子「ソーシャルメディアの普及に伴うアメリカ選挙キャンペーンにおける変化 — 2014年中間選挙を事例に —」『社会情報学』第4巻3号、2016年、pp.31-46。

清原聖子、前嶋和弘編著『ネット選挙が変える政治と社会 — 日米韓に見る新たな「公共圏」の姿』慶応義塾大学出版会、2013年、他。

フェイクニュースに震撼する民主主義
— 日米韓の国際比較研究 —

2019年10月20日　初版第1刷発行

■編　著　者──清原聖子
■発　行　者──佐藤　守
■発　行　所──株式会社 大学教育出版
　　　　　　　〒700-0953　岡山市南区西市855-4
　　　　　　　電話(086)244-1268㈹　FAX(086)246-0294
■印刷製本──モリモト印刷㈱
■ＤＴＰ──林　雅子

© Shoko Kiyohara 2019, Printed in Japan
検印省略　　落丁・乱丁本はお取り替えいたします。
本書のコピー・スキャン・デジタル化等の無断複製は著作権法上での例外を除き禁じられています。本書を代行業者等の第三者に依頼してスキャンやデジタル化することは、たとえ個人や家庭内での利用でも著作権法違反です。

ISBN978-4-86692-040-5